Sistemas de Informações para Tomadas de Decisões

Dados Internacionais de Catalogação na Publicação (CIP)
(Câmara Brasileira do Livro, SP, Brasil)

Cassarro, Antonio Carlos
   Sistemas de informações para tomadas de decisões / Antonio Carlos Cassarro. - 4. ed. rev. e ampl. - São Paulo: Cengage Learning, 2018.

   4. reimpr. da 4. ed. rev. e ampl. de 2011.
   Bibliografia.
   ISBN 978-85-221-0956-2

   1. Decisões 2. Sistemas de informação gerencial I. Título.

10-02422   CDD-658.40388

Índices para catálogo sistemático:

1. Informática para gestão : Administração de empresas 658.40388
2. Sistemas de informação gerencial : Administração de empresas 658.40388

Sistemas de Informações para Tomadas de Decisões

A. Carlos Cassarro

4ª edição
revista e ampliada

CENGAGE

Austrália • Brasil • México • Cingapura • Reino Unido • Estados Unidos

CENGAGE

Sistemas de informações para tomadas de decisões – 4ª edição revista e ampliada

A. Carlos Cassarro

Gerente Editorial: Patricia La Rosa

Editora de Desenvolvimento: Gisela Carnicelli

Supervisora de Produção Editorial: Fabiana Alencar Albuquerque

Copidesque: Mariana Gonzalez

Revisão: Cíntia Leitão e Bel Ribeiro

Diagramação: PC Editorial Ltda.

Capa: Marcela Perroni (Ventura Design)

© 2011 Cengage Learning. Todos os direitos reservados.

Todos os direitos reservados. Nenhuma parte deste livro poderá ser reproduzida, sejam quais forem os meios empregados, sem a permissão, por escrito, da Editora. Aos infratores aplicam-se as sanções previstas nos artigos 102, 104, 106 e 107 da Lei nº 9.610, de 19 de fevereiro de 1998.

Esta editora empenhou-se em contatar os responsáveis pelos direitos autorais de todas as imagens e de outros materiais utilizados neste livro. Se porventura for constatada a omissão involuntária na identificação de algum deles, dispomo-nos a efetuar, futuramente, os possíveis acertos.

A editora não se responsabiliza pelo funcionamento dos links contidos neste livro que possam estar suspensos.

> Para informações sobre nossos produtos, entre em contato pelo telefone **0800 11 19 39**
>
> Para permissão de uso de material desta obra, envie seu pedido para
> **direitosautorais@cengage.com**

© 2011 Cengage Learning. Todos os direitos reservados.

ISBN-13: 978-85-221-0956-2
ISBN-10: 85-221-0956-7

Cengage Learning
Condomínio E-Business Park
Rua Werner Siemens, 111 – Prédio 11 – Torre A – Conjunto 12 – Lapa de Baixo
CEP 05069-900 – São Paulo – SP
Tel.: (11) 3665-9900 – Fax: (11) 3665-9901
SAC: 0800 11 19 39

Para suas soluções de curso e aprendizado, visite **www.cengage.com.br**

Impresso no Brasil
Printed in Brazil
4. reimpr. – 2018

DEDICATÓRIA

Diariamente tomamos decisões cujas consequências alteram, em vários graus, as nossas vidas e, muitas vezes, as vidas daqueles com quem interagimos: nossos familiares, amigos, empresas em que trabalhamos etc. Algumas decisões são de pequena monta e, por isso, suas consequências são restritas, limitadas, pequenas, envolvendo poucos temas e/ou pessoas. Outras, todavia, têm amplitude muito grande, podendo alterar o curso da vida de toda uma comunidade, de toda uma nação, de toda a humanidade!

Independente de nossas formações educacionais, de nossas posições dentro das empresas – públicas, privadas ou ONGs–, ou mesmo do porte e posição social que ocupamos na comunidade, estamos sempre tomando decisões. Por exemplo: Onde iremos no final de semana? Jantaremos em casa ou iremos a um restaurante? Compramos agora algo de que necessitamos ou deixamos para outra oportunidade? Como pagaremos pelos bens e/ou serviços adquiridos? Viver é tomar decisões! Pois as decisões que tomamos ou deixamos de tomar têm o poder de mudar nossas vidas, nossas organizações e o próprio planeta.

Então, a quem dedicaremos esta obra? À humanidade como um todo! Às nossas famílias! Às nossas instituições educacionais, culturais, econômico-financeiras, militares, políticas etc. Em suma, este livro é dedicado a *você*, caro leitor, e a todas as pessoas a quem você ama, com a certeza de que ele contribuirá para que você e seus queridos possam alcançar o maior objetivo de vida de todo e qualquer ser humano: *ser feliz*, hoje e sempre!

Um grande abraço, e sucesso!

AGRADECIMENTOS

Nada de realmente bom se faz sozinho. O sucesso das realizações humanas depende diretamente do conhecimento, da habilidade necessária para colocar em prática os conhecimentos adquiridos, da liderança e da capacidade de trabalhar em equipe.

Esta obra não é exceção a esta regra.

Centenas de companheiros, tanto empresários, executivos e diretores, como gerentes, supervisores e especialistas das mais diversas áreas de atividade (públicas, privadas, ONGs etc.), como diretores, coordenadores e professores de cursos de níveis superiores, de todo o país, têm se pronunciado sobre este material, enriquecendo-o com suas críticas, comentários e sugestões.

Para não correr o risco, sempre grave, de omitir este ou aquele amigo que tenha contribuído com suas sugestões, peço que todos aceitem o meu sincero *muito obrigado!* e o convite para que continuem a nos honrar com sua amizade, com seu auxílio, enviando-nos suas opiniões, considerações, sugestões e críticas, de modo a manter esta obra sempre útil a você, caro leitor.

Sucesso a você e aos seus queridos!

A. Carlos Cassarro

PREFÁCIO

É uma verdade geralmente aceita que, em nenhuma outra época, os profissionais que ocupam cargos de gerência tiveram tanta informação disponível para orientar suas decisões. Mas, será isto realmente uma verdade? Lamentavelmente, julgamos que não. A maioria dos gerentes normalmente não dispõe, em conteúdo e formato, das informações de que necessita para exercer, com competência, suas funções. Ao contrário, o excesso de dados disponíveis tem sido muito mais fonte de ansiedade do que de ajuda. Se o avanço da informática contribuiu de maneira extraordinária no processamento e disponibilização de relatórios gerenciais, as pessoas com poder de decisão dentro das empresas (diretores, gerentes, supervisores etc.) continuam carentes de conhecimento que as habilitem a utilizar melhor os recursos da informática e, em especial, o que pode ser obtido nos sistemas de informações. Por isso é bem-vinda esta nova edição deste livro, revista e ampliada com novos temas, como Internet e Intranet, dentre outros.

Mesmo nas grandes empresas, um levantamento dos relatórios gerenciais disponíveis vai indicar, na maior parte dos casos, problemas que vão desde o *design* dos documentos até a maneira como os dados são selecionados e agrupados. Não é fortuito, portanto, que a maioria dos relatórios seja arquivada sem ao menos merecer uma leitura superficial. Será que este desperdício de tempo, *hardware*, *software*, papel e talento precisa continuar? Ou, será, então, que os gerentes, a rigor, não precisam dessas informações para tomar as decisões que são instados, diariamente, a tomar?

A leitura deste livro propiciará um momento de reflexão sobre esses descaminhos e sobre o mau uso das informações nas empresas. A globalização de mercados iniciada há quinhentos anos, com Cristóvão Colombo, encontra-se, hoje, no seu auge. Por isso, mais do que nunca, os gerentes estariam mais habilitados a decidir se tivessem informações corretas e relevantes, produzidas a baixo custo e no tempo oportuno.

Este livro poderá contribuir significativamente para que isso venha a ocorrer, porque trata dos fundamentos dos sistemas de informações para tomada de decisões, trata de conceitos.

Sem um esquema conceitual estruturado e consistente as empresas continuarão a produzir relatórios gerenciais cujo principal resultado será o aumento dos gastos em arquivos e pastas suspensas, a despeito dos vastos recursos investidos em automação e informática.

A principal contribuição deste livro, entretanto, é colocar o gerente e seu pessoal no centro do universo das informações. Ele destaca o trabalho em equipe e a necessidade da participação e do comprometimento quando o assunto é a estruturação das informações para tomada de decisões. Pois, se as informações meramente operacionais são mais ou menos uniformes para todas as empresas, as informações gerenciais trazem, com certeza, a marca das habilidades e dos talentos dos profissionais que as conceberam. E decisões tomadas com melhores sistemas de informações serão, certamente, melhores do que as dos concorrentes. Assim, um sistema de informações para tomada de decisões, se bem concebido, poderá se transformar em um diferencial competitivo importante, em meio a um mundo de dados produzidos de forma cada vez mais rápida, porém caótica.

Portanto, não perca tempo, mergulhe na leitura deste livro que une prática à teoria e, ao final, você emergirá como um gerente profissional muito mais bem equipado conceitualmente para construir um futuro melhor, tanto pessoal quanto para a empresa que tiver o privilégio de contar com seu talento e dedicação.

Almir José Meireles
Diretor-presidente
Associação Brasileira de Leite Longa Vida – ABLV

SUMÁRIO

Apresentação   xv

1 A EMPRESA E A IMPORTÂNCIA DOS OBJETIVOS   1
1. Objetivos do capítulo   1
2. A empresa como sistema   1
3. A importância dos objetivos   7
4. Como estabelecer objetivos   8

2 GERÊNCIA: FUNÇÕES GERENCIAIS   11
1. Objetivos do capítulo   11
2. Conceituando o gerente   11
3. Funções inerentes aos gerentes   12
    - 3.1 Definindo estratégias (planejamento)   13
    - 3.2 Organizando os recursos necessários (organização)   14
    - 3.3 Fazendo acontecer (realização e comando)   15
    - 3.4 Coordenando esforços e recursos   15
    - 3.5 Controlando e avaliando resultados   16
4. O que deveria ocorrer em termos de administração   17

Avalie seu aproveitamento – Questionário de reforço nº 1   20

3 SISTEMAS DE INFORMAÇÕES   25
1. Objetivos do capítulo   25
2. O campo de trabalho de um sistema   25
3. A empresa e seus sistemas de informações   29

3.1 Subsistemas de compras   31
3.2 Subsistemas de almoxarifado   32
4. Informações – conceitos e características   34
4.1 Custo *versus* benefício   36
4.2 Oportunidade   37
4.3 Correção *versus* exatidão   38
4.4 Relevância ou significado   38
4.5 Comparação e tendência   39
5. Importância das informações no processo de tomada de decisões   40
Avalie seu Aproveitamento – Questionário de reforço nº 2   42

4 TRATAMENTO, ARQUIVAMENTO E RECUPERAÇÃO DE INFORMAÇÕES   45

1. Objetivos do capítulo   45
2. Informações internas e externas   45
3. Troca de informações   46
4. Trocas eletrônicas de informações   47
5. Arquivamento e recuperação de informações   51
Avalie seu aproveitamento   53

5 SISTEMAS DE INFORMAÇÕES GERENCIAIS   55

1. Objetivos do capítulo   55
2. O caso prático   55
   2.1 Organograma   56
   2.2 Principais atribuições (funções) de cada área   57
   2.3 Informações de que você necessita   57
3. Conclusões   65

6 DESENVOLVENDO E IMPLANTANDO UM SIG   67

1. Objetivos do capítulo   67
2. A metodologia sugerida   67
   2.1 O comitê coordenador de sistemas   68
   2.2 Uma visão global da metodologia   70
      A. Definições preliminares   70
      B. Levantamento e análise   72
      C. Pré-projeto e justificação   77
      D. Desenvolvimento e aprovação   79
      E. Implantação   81
      F. Avaliação de resultados   82

3. Enfrentando as resistências humanas   83
Avalie seu Aproveitamento – Questionário de reforço nº 3   84

7 EVOLUÇÃO DOS SISTEMAS DE INFORMAÇÕES   87

1. Objetivos do capítulo   87
2. Principais fases da evolução dos sistemas   87
   2.1 Elementar   87
   2.2 Normal   88
   2.3 Adequada   89
   2.4 Integrada   90
   2.5 Avançada   91
3. Atual situação dos sistemas aplicativos   91
4. Uma ideia para o futuro   92
5. Eficiência e eficácia   93

8 ADMINISTRANDO ORGANIZAÇÃO E INFORMÁTICA   95

1. Objetivos do capítulo   95
2. Finalidades da área   95
   2.1 Posicionamento hierárquico   96
   2.2 Principais funções da área   98
   2.3 Sistemáticas para planejamento e controle – comitê coordenador de sistemas   100
      A. Plano Diretor de Informática (PDI)   101
      B. Planejamento operacional (anual)   103
      C. Cronograma de atividades   103
      D. Relatórios de atividades   104
      E. Demonstrativos de utilização de recursos e ocorrências   104
      F. Relatório mensal de posicionamento   104
   Avalie seu Aproveitamento – Questionário de reforço nº 4   105

RESPOSTAS AOS QUESTIONÁRIOS   107

SUPLEMENTO TÉCNICO   111

1. Jargão técnico   111
2. Frases para pensar   116

REFERÊNCIAS BIBLIOGRÁFICAS RECOMENDADAS   119

APRESENTAÇÃO

Vivemos tempos de mudanças, abrangentes, velozes, espantosas! Tudo muda e muda, muitas vezes sem que a maioria de nós sequer tome consciência disso. Assim, muda-se, com frequência, a maneira como nos relacionamos com as outras pessoas; o modo como conduzimos nossas atividades pessoais e profissionais; o enfoque que damos aos negócios, especialmente no que tange a reconhecer a importância do cliente e procurar atender às suas necessidades e expectativas.

Tudo muda, inclusive os procedimentos, as técnicas que empregamos para o adequado gerenciamento de nossas empresas. Teorias que até ontem eram tidas e havidas como eficientes e eficazes, colocadas em prática hoje, sem adequada flexibilidade, podem levar as empresas à concordata e ao desaparecimento.

O que dizer da importância das tomadas de decisões? Neste exato momento, caro leitor, você está tomando mais uma, dentre milhares de decisões: a de estudar este tema conosco. Por falar em tomada de decisões, viver é enfrentar desafios em inúmeras áreas, circunstâncias e tempo, e sempre agimos de modo a atender determinados objetivos. Resolver problemas, atingir objetivos, só é possível mediante a tomada de decisões. Observe, ainda, que sempre teremos várias alternativas para nos decidirmos por este ou aquele caminho, capaz de nos ajudar a resolver problemas ou atingir objetivos. A estes caminhos podemos, neste ponto, chamar de "estratégias". Ocorre que, para que possamos analisar os prós e os contras de cada alternativa, de cada estratégia, necessitamos de informações – formais ou não. Este é o campo, o assunto primordial deste trabalho: contribuir para que você possa, cada vez melhor, tomar suas decisões de caráter pessoal ou profissional.

Em outras palavras, com este trabalho procuramos contribuir positivamente para que você possa reunir em si mesmo, na sua formação, especialização ou reciclagem, os três pontos básicos para o sucesso profissional e humano:

- conhecimentos sobre as técnicas profissionais relacionadas ao tema;
- conhecimentos sobre a estruturação das empresas e dos negócios; e
- compreensão adequada de como as pessoas se comportam.

Afinal, não lideramos, gerenciamos, supervisionamos ou chefiamos equipamentos e tecnologias, mas, sim, pessoas, seres humanos!

Por isso é muito importante, neste ponto, recordar a afirmativa do Sr. Akio Morita, presidente da Sony, ao prefaciar o livro *Não vivemos só pelo pão*, que resume a vida de outro empresário japonês, o sr. Konosuke Matsuchita, fundador do Grupo Panasonic:

"Nós, ao trabalharmos com pessoas, passamos a compreender que elas não trabalham apenas pelo pão e, se quisermos motivá-las, com certeza, o dinheiro não será o melhor caminho!"

O que não quer dizer, em hipótese alguma, que os empresários devam remunerar mal seus colaboradores. Não, nada disso! Devemos fazer com que nossa empresa, onde se localize e qualquer que seja seu ramo de negócio, seja um referencial, um padrão de mercado, em termos de reconhecimento e retribuição ao trabalho de seus colaboradores. Mas, sem dúvida, apenas o dinheiro, apenas bens materiais, não são suficientes para motivar os seres humanos!

Que esta obra possa auxiliá-lo, caro leitor, a obter e manter o sucesso pessoal e profissional, cumprindo os deveres e as atribuições de um verdadeiro líder, de uma pessoa adequadamente capacitada mas, e principalmente, que, pela magia do sucesso (que já está em você!), você possa ser feliz como ser humano e possa contribuir para a felicidade de todos aqueles que se acercarem de você ao longo de sua vida!

A. Carlos Cassarro

A EMPRESA E A IMPORTÂNCIA DOS OBJETIVOS

CAPÍTULO 1

1. Objetivos do capítulo

Este capítulo foi preparado de modo a atender aos seguintes objetivos:

- estabelecer uma conceituação básica para empresa, necessária ao sucesso do processo de comunicação entre nós e você, leitor;
- enfatizar a importância para o sucesso nos campos empresariais e pessoais, do estabelecimento de objetivos viáveis e desafiantes;
- proporcionar uma primeira visão sistêmica de empresa;
- preparar as bases para o desenvolvimento de nossos estudos.

2. A empresa como sistema

É impossível a qualquer ser humano viver sozinho. Somos, essencialmente, seres sociais. Note que mesmo os ditos eremitas sempre procuram estar acompanhados de outros seres vivos, sejam eles animais ou vegetais. Assim sendo, o ser humano sempre procura se associar a outros seres humanos para atingir seus objetivos, partindo do principal e básico, a sobrevivência.

Nós, seres humanos, desde as eras pré-históricas, nos organizamos em grupos, com vistas à proteção mútua e obtenção de alimentos – portanto, para nossa sobrevivência, entendendo-se por *organização* a indicação clara das responsabilidades e atribuições (tarefas) de cada componente do conjunto. Com base nestas verdades históricas, cremos poder chegar ao seguinte conceito válido para qualquer modalidade de *empresa*:

"Um agrupamento de seres humanos, uma organização humana, com atribuição de atividades e de responsabilidades entre os vários seres que a constituem, de modo que se possa atingir objetivos predeterminados."

Desde o surgimento da primeira organização, da primeira *empresa*, o homem vem desenvolvendo tecnologia, na forma de técnicas, sistemas, métodos e equipamentos, para poder cumprir mais adequadamente suas atribuições. Vejamos, a título de exemplo, o que ocorreu com os primeiros feiticeiros da Pré-história: tinham eles a responsabilidade dupla de, por um lado, interceder pela tribo junto aos deuses primitivos e, por outro, defendê-la das iras desses mesmos deuses. Ora, para cumprir melhor com suas atribuições, eles foram desenvolvendo vestimentas, máscaras, rituais, instrumentos etc. à semelhança dos seres humanos atuais, que empregam sistemas, métodos e processos definidos e se utilizam de recursos computacionais e mesmo da robótica para o melhor desempenho de suas tarefas!

Cremos poder concluir que, em qualquer época, nós, seres humanos, sempre teremos que:

- definir claramente o objetivo que desejamos atingir;
- desenvolver um plano de ação, indicativo das estratégias, dos recursos e do tempo necessários para viabilizar os objetivos;
- nos organizar de acordo com o plano estabelecido;
- AGIR, pois sem ação não haverá reação, não haverá resultados;
- coordenar as ações das pessoas componentes do grupo;
- controlar o desempenho (nosso e do grupo) e avaliar os resultados obtidos.

Graças ao processo de avaliação de resultados é que poderemos determinar a necessidade ou não de alteração de planos, de estratégias, da organização dos recursos e mesmo dos próprios objetivos.

Conforme demonstramos no quadro a seguir, a tarefa de controle e avaliação não é, nem deve ser, executada como atribuição estática, final. Trata-se de um processo que deve ser executado continuamente, durante a realização de cada tarefa e, consoante as modernas técnicas de gestão (TQC – qualidade total por toda a empresa, por exemplo), ser de responsabilidade de cada executor. O ser humano é que gera qualidade, no ato da realização de suas ações, e não mais, como era conceito antigo, deixar a cargo de uma área de *controle* verificar a qualidade dos serviços/produtos decorrentes de cada tarefa.

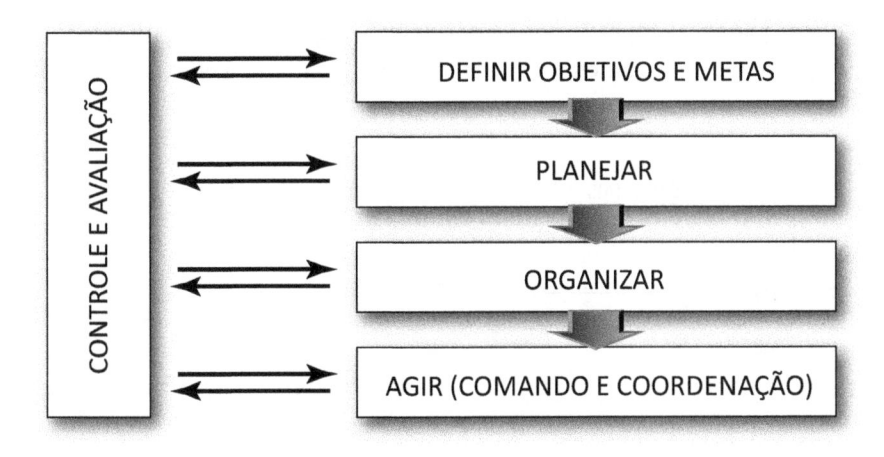

```
CONTROLE E AVALIAÇÃO  ⇄  DEFINIR OBJETIVOS E METAS
                      ⇄  PLANEJAR
                      ⇄  ORGANIZAR
                      ⇄  AGIR (COMANDO E COORDENAÇÃO)
```

Genericamente, uma empresa é uma reunião de recursos visando atender a um dado objetivo. O presidente Roosevelt tinha a seguinte conceituação para uma empresa privada, em regime capitalista:

> *"Empresa é uma entidade jurídica que tem como obrigação apresentar lucro, lucro este suficiente para permitir sua expansão e o atendimento das necessidades sociais."*

Todavia, o maior objetivo de qualquer organização é o adequado atendimento das necessidades e expectativas de seus clientes, da comunidade onde esteja estabelecida. Só assim é que ela poderá criar imagem positiva junto ao público em geral e realizar negócios lucrativos, perpetuando sua existência.

Parece óbvio, mas não é. Pois uma empresa apenas poderá ter sucesso se existir:

a) conceituação clara dos objetivos que ela visa atender;
b) planejamento global, indicativo das estratégias que serão adotadas, dos recursos e do tempo necessário;
c) organização e coordenação tal que permitam, mediante o emprego dos recursos necessários, atender aos objetivos; e
d) uma sistemática de controle, prevista e determinada pelo planejamento, capaz de medir os resultados reais contra os planejados e, mediante um sistema correto de *feedback*, possibilitar a adoção de medidas necessárias à correção de possíveis desajustes.

Tudo isto implica que haja clara definição do objetivo social (ou seja, do ramo de atividade da empresa), estruturação adequada e alocação correta de cada um dos recursos necessários.

Toda e qualquer empresa, por menor ou maior que seja, qualquer que seja seu ramo de atividade, é um sistema (ou um *macrossistema*) que pode ser representado como segue:

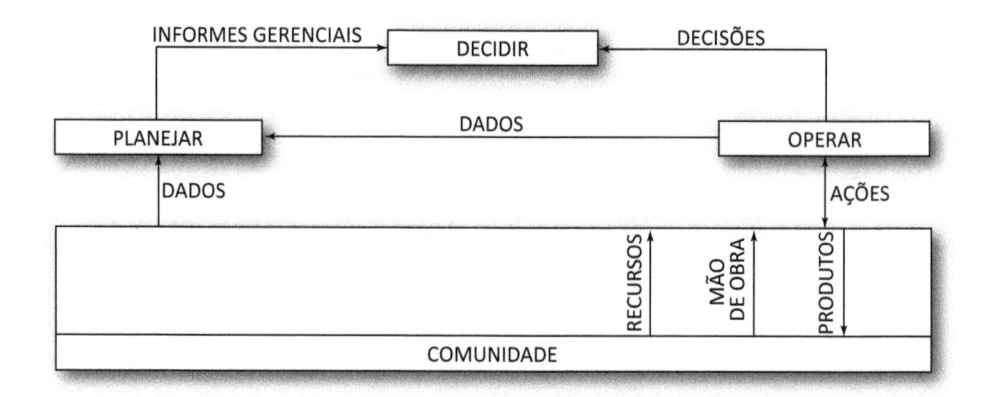

```
    INFORMES GERENCIAIS                          DECISÕES
    ───────────────────▶  ┌─────────┐  ◀───────────────────
                          │ DECIDIR │
                          └─────────┘
    ┌──────────┐              DADOS              ┌──────────┐
    │ PLANEJAR │ ◀──────────────────────────────│  OPERAR  │
    └──────────┘                                 └──────────┘
       │ DADOS                                        │ AÇÕES
       ▼                                              ▼
    ┌────────────────────────────────────────────────────┐
    │                    RECURSOS  MÃO      PRODUTOS     │
    │                              DE OBRA               │
    ├────────────────────────────────────────────────────┤
    │                    COMUNIDADE                      │
    └────────────────────────────────────────────────────┘
```

Ou seja, a empresa obtém da comunidade os recursos necessários – capital, tecnologia, mão de obra etc. – e lhe atende as necessidades mediante o fornecimento de produtos (bens e/ou serviços). Da interação empresa/mercado provêm as informações básicas para, junto aos dados operacionais da empresa, possibilitar a análise de desempenho, o planejamento e sua atualização, realimentando o ciclo de planejar – decidir – operar – avaliar.

Considerando a importância desta visão empresarial para o sucesso de nossos estudos, detalharemos um pouco mais o que esta representação demonstra.

a) Toda e qualquer empresa se apoia na *comunidade* que constitui o seu mercado, e os responsáveis pela empresa, diretores, gerentes, supervisores, enfim, necessitam levantar e analisar o mercado para conhecer se ele demanda (tem necessidade) ou não os produtos e/ou serviços que a empresa pretende lhe fornecer. Caso haja demanda, há que considerar se ela é ou não economicamente viável, se compensará, financeiramente, que a empresa se organize, se estruture para fornecer aquele bem ou prestar aquele serviço.

b) Baseando-nos nos dados obtidos durante a pesquisa e análise do mercado, poderemos *planejar*, indicando as estratégias a adotar, os recursos a empregar e o tempo necessário, e, graças a isso, prestar informações a nossos responsáveis, diretores, gerentes, supervisores etc., de modo que eles possam, adequadamente, *decidir* a favor ou contra a organização, a estruturação da empresa. Estas decisões irão, portanto, colocar ou não a empresa em *ope-*

ração, dependendo, é claro, de termos ou não demonstrado sua viabilidade técnica, financeiro-econômica e ambiental.

c) O verbo *operar*, neste caso, implica que entendamos desde a construção da fábrica, a aquisição e montagem dos equipamentos, a contratação do pessoal, a aquisição de serviços e de bens, em suma, tudo o que for necessário para que a empresa tenha condições de atuar, de operar. Observe que as operações da empresa constituem um intercâmbio permanente entre ela e sua comunidade. Por um lado, ela oferece seus produtos e/ou serviços ao mercado e, por outro, retira do mercado todos os recursos de que necessita: pessoal, matéria-prima, financiamentos etc.

A partir deste ponto, cremos ser fácil demonstrar que duas modalidades básicas de informações devem ser continuamente produzidas e fornecidas ao pessoal de comando e controle:

- Externas à empresa, relativas a levantamentos e análises do mercado: como o mercado está reagindo em relação aos serviços ou produtos que oferecemos? Uma vez que o cliente é, de fato, o dono da empresa, sua majestade, há que identificar, com clareza, suas reais necessidades, as quais poderão ensejar o desenvolvimento/alteração de produtos/serviços e até mesmo sua eliminação; quais as políticas e procedimentos de comercialização de nossos fornecedores e concorrentes; o que está ocorrendo ou se prevê que venha a ocorrer no curto, médio e longo prazos, nas áreas governamentais (União, Estados e Municípios), em termos de novas leis ou alterações de leis existentes que poderão, de algum modo, afetar a realização normal de nossas operações; que desenvolvimentos tecnológicos estão ocorrendo em nossa área de atuação etc.
- Internas à empresa, relacionadas diretamente às operações da empresa, tais como aquisição de mercadorias, contratação de serviços, industrialização, manutenção industrial, comercialização, distribuição, marketing, finanças; etc.

Estes dois conjuntos de informações, devidamente analisados, nos permitirão, de um modo adequado, rever nossos planos, alterar as estratégias, redirecionar a aplicação de recursos, permanecer, expandir ou sair do mercado etc., isto é, gerir, administrar adequadamente nosso negócio.

Na forma de um *macrossistema*, a empresa poderia assim ser representada:

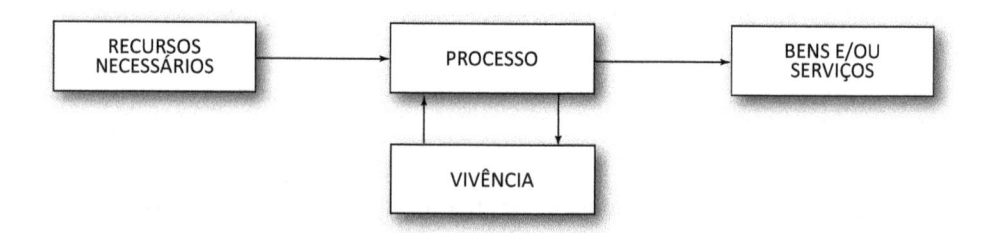

```
[RECURSOS NECESSÁRIOS] → [PROCESSO] → [BENS E/OU SERVIÇOS]
                            ↕
                        [VIVÊNCIA]
```

Ingressa na empresa uma gama de recursos que sofrem uma determinada organização e transformação (mediante a aplicação de um determinado processo), gerando bens e/ou serviços que são ofertados ao mercado. Da realização deste processo surge uma *vivência* que é consultada a cada ciclo.

Cremos ser importante que esta representação seja memorizada, pois a ela voltaremos quando falarmos mais profundamente sobre os sistemas de informações. Aqui, ela está apenas representando um conceito genérico de empresa, e não todo e qualquer sistema que a componha. Um modo clássico de representação de uma empresa é como o de uma unidade produtora de bens e/ou serviços:

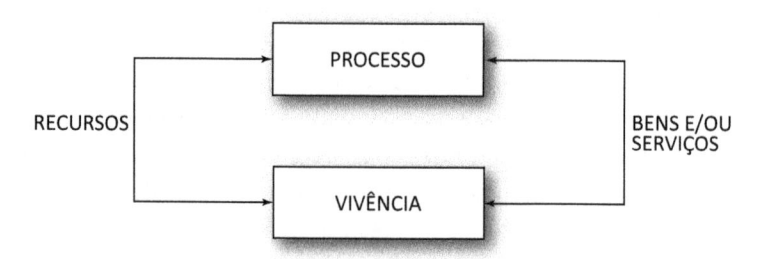

```
              [PROCESSO]
RECURSOS  →               →  BENS E/OU SERVIÇOS
              [VIVÊNCIA]
```

O mercado demanda um determinado bem e/ou serviço e a empresa se organiza para atender a esta demanda, operando sob uma determinada estratégia, empregando recursos e despendendo tempo. Desta interação mercado-empresa surge a figura do lucro (resultante da adequada combinação dos fatores: qualidade, preço, entrega e custo), lucro este que possibilita que a empresa prossiga investindo, crescendo e atendendo à demanda do mercado, num autêntico moto-contínuo.

Convém salientar, ainda, que não existe uma empresa ou uma organização estática. Todas são dinâmicas. O que pode ocorrer é que a direção deste dinamismo poderá variar de positiva a negativa. Positivamente implica crescimento das operações, diversificação de atividades e/ou produtos, maior lucratividade etc. Negativamente corresponde à diminuição do nível de operações, redução de pessoal, de atividades, produtos etc., o que pode causar até o fechamento do negócio, o encerramento das operações da entidade. Este comportamento organizacional corresponderá principalmente aos resultados das atitudes adotadas pelos seres humanos que compõem a empresa, desde o mais alto escalão até os níveis mais inferiores. Sem dúvida, o que torna uma empresa mais dinâmica, mais capaz, mais aguerrida do que outra é o ser humano que a integra.

3. A importância dos objetivos

Todos os seres humanos tendem a concordar que a definição clara de objetivos é importante, mas, desafortunadamente, raras são as pessoas que definem com clareza os objetivos que desejam alcançar. Talvez por isso, em sua maioria os seres humanos tão pouco realizam durante toda sua vida.

Estudos procuram demonstrar que, em média, os seres humanos não utilizam mais do que 10% de sua capacidade ao longo de toda a sua vida! Uma das principais causas é, sem dúvida, a não definição clara de objetivos.

Cremos não haver discordância de que não há empresas sem objetivos, sem finalidade. O que ocorre é que, nem sempre, estes objetivos estão formalizados, e esta não formalização contribui negativamente para o sucesso empresarial. Mas, poder-se-ia perguntar: O que é um objetivo? O que é uma meta? Há diferença entre ambos os termos?

Comecemos a responder pela última questão: SIM, há clara diferença entre os dois termos – uma diferença de nível. A palavra *objetivo* diz respeito aos grandes propósitos da organização – envolvendo toda a empresa –, e a outra palavra, *meta*, refere-se a uma parte do primeiro, no nível divisional, departamental. Exemplificando, uma escola de administração afirma que:

> *Objetivo* é o grande propósito da organização e se expande, se quebra em metas; estas, sim, são partes do objetivo, são divisionais, departamentais, setoriais.

Segundo esta escola, objetivos são, portanto, os propósitos que impactam e envolvem toda a organização, enquanto metas são aqueles propósitos que se restringem a uma determinada área, departamento, seção da empresa.

Já outra escola de administração afirma o contrário:

> *Metas*, sim, é que seriam os grandes propósitos da administração. Enquanto os objetivos seriam as partes menores da meta. De qualquer modo, há clara diferença de níveis, não acha?

Entendemos que os objetivos sejam os grandes propósitos da empresa, e que as metas sejam suas partes menores. E que conceito usamos para qualquer deles? O seguinte:

OBJETIVOS/METAS SÃO PROPÓSITOS CLARAMENTE
REDIGIDOS E ADEQUADAMENTE QUANTIFICADOS.

Por quê? Pelo seguinte:

Claramente redigido – para que haja clara compreensão. Não pairem dúvidas sobre o que desejamos seja alcançado.

Adequadamente quantificado – para que se possa medir, avaliar, comparar os resultados.

Eis um exemplo para um possível objetivo de comercialização:

"Assegurar que, nos próximos 6 meses, se consiga aumentar em 20% a quantidade de vendas do produto A no mercado B, incorrendo em um acréscimo de custos não superior a 5% dos custos atuais, corrigidos."

Vamos entender a redação: indicamos *o que* queremos: aumentar as vendas do produto A em 20%, em quantidade de itens comercializados; em *quanto* tempo: nos próximos 6 meses; *onde* queremos que ocorra: no mercado B; e a *que* custo: não maior do que 5% dos custos atuais corrigidos.

Logo, a redação está bastante clara. Todos os envolvidos no processo compreenderão o que queremos que seja alcançado. Os parâmetros foram claramente definidos. Assim sendo, se alcançarmos aquele acréscimo de venda, mas em um prazo maior do que o fixado, ou em outros mercados que não o especificado, ou, ainda, a custos maiores que os determinados, deixaremos de atingir o objetivo. Mais ainda, se o comparativo entre as nossas pretensões e o real alcançado demonstrar variação significativa, poderemos e deveremos tomar medidas (ações gerenciais) capazes de corrigir os desvios porventura ocorridos.

4. Como estabelecer objetivos

Muitas pessoas nos têm perguntado, principalmente durante ou após a realização de treinamentos gerenciais: "Mas, como podemos estabelecer objetivos? Sempre ouvimos falar sobre eles, mas nunca nos foi explicado como defini-los!".

Esta dúvida também nos acompanhou por muitos anos. Há uma grande quantidade de obras sobre administração e gerência que desenvolvem temas sobre objetivos, mas poucas das que tivemos acesso se preocupavam em estabelecer, divulgar o *como*. Cremos que o método a seguir pode ser de muita utilidade. Vamos, primeiramente, pensar em termos de objetivos pessoais. A partir daí poder-se-á desenvolver objetivos profissionais, culturais, financeiros etc., através dos seguintes passos:

Passo 1 – *Pense* claramente no que deseja alcançar ou em que ponto deseja aprimorar sua capacitação.

Passo 2 – Uma vez esboçada sua intenção, seu objetivo, *escreva* o mais claramente possível o objetivo que deseja alcançar, o seu objetivo.

Passo 3 – Leia cuidadosamente o que escreveu. Agora, *quantifique* em quanto tempo deseja alcançar (mas seja realista) e estabeleça outros parâmetros numéricos (quantidades, %, valor etc.).

Passo 4 – Detalhe as *etapas*. Ou seja, as fases que deverão ser percorridas até que você alcance seu objetivo. Por exemplo: se você quiser ser um gerente comercial (seu objetivo) em cinco anos (o tempo) e está cursando o primeiro ano universitário em administração de empresas, você deverá:

  a) concluir cada degrau da universidade (*fases*);
  b) paralelamente, participar de treinamentos específicos no campo comercial (outras *fases*);
  c) procurar mudar sua área de atividade para o mais próximo possível dos campos comerciais (mais *fases*).

Passo 5 – E, principalmente, indique claramente *o que dará em troca* ao atingir o objetivo. Nunca se esqueça de que nada é gratuito, tudo exige uma paga e, neste caso, ela poderá ser: dar o melhor de si para o sucesso da empresa na qual você venha a desempenhar as funções comerciais, conduzindo seus procedimentos sempre dentro da ética e moral profissional.

Resumindo: para definir objetivos devemos:

PENSAR

    ESCREVER

        QUANTIFICAR

            DEFINIR ETAPAS

                INDICAR A TROCA

Ficou claro? Esperamos que sim! Mãos à obra, então; defina seus objetivos nos vários campos de atuação para os próximos três anos, por exemplo. Revise-os periodicamente. Faça isto pelo menos uma vez ao ano, durante toda a sua vida. Sucesso!

GERÊNCIA: FUNÇÕES GERENCIAIS

1. Objetivos do capítulo

No decorrer deste capítulo, pretendemos atender aos seguintes objetivos:

- conceituar o que seja *gerente*, enfatizando sua responsabilidade não apenas pelo cumprimento de funções técnicas, mas, também, por funções inerentes à condução de seres humanos;
- discutir quais sejam as principais funções gerenciais, funções estas inerentes a todo e qualquer gerente, independente de suas áreas de especialização técnica e/ou modalidade de empresa.

2. Conceituando o gerente

Já falamos, ainda que rapidamente, a respeito da importância da existência de objetivos para nosso sucesso pessoal e profissional, assim como da empresa. Portanto, enfoquemos aquele que, nas empresas, toma sob sua responsabilidade o cumprimento, a consecução dos objetivos: o gerente.

O que devemos entender por gerente? Todo e qualquer indivíduo com poder de decisão dentro da organização! Deste modo, tanto é gerente o principal executivo da empresa (o diretor-presidente, por exemplo) como qualquer dos menores supervisores ou encarregados dentro da entidade. Mas, o que é mesmo gerente? Qual a conceituação adequada? Entre tantas, cremos que ambas abaixo podem nos esclarecer muito. A primeira é de Simon (um sociólogo norte-americano):

"Gerente é a pessoa que consegue resultados através de outras pessoas."

Realmente linda esta definição! Mas já não mais podemos concordar com ela. Devemos alterá-la profundamente quanto ao conteúdo. Assim:

"Gerente é a pessoa que consegue resultados com outras pessoas."

Observou a diferença? No primeiro caso, o gerente ficava em sua sala com ar-condicionado e sua equipe que se virasse – ele era o controlador. Na nova conceituação, ele abandona sua sala e vai ficar junto com seu pessoal, ajudando a remar o barco – agora ele é um facilitador, um orientador.

Já Peter F. Drucker define:

"Gerente é a pessoa que possui autoridade formal para fazer ou mandar fazer alguma coisa e que tenha poder de mando sobre uma ou mais pessoas."

Portanto, gerente é o elemento que é pago para tomar decisões, na maioria dos casos correndo riscos. Quanto mais elevado estiver na estrutura organizacional e/ou quanto maior for o valor envolvido, maiores serão suas margens de risco; margens que podem ser diminuídas na proporção direta em que existam informações que lhe permitam aumentar seu grau de segurança. Os sistemas de informações gerenciais têm, aí, portanto, seu maior valor, na medida em que auxiliam os gerentes no processo de tomada de decisão.

Apenas se concebe o processo administrativo, a atuação gerencial, na medida em que existam objetivos e/ou metas a serem atingidos.

3. Funções inerentes aos gerentes

Conforme verificamos, gerente é a pessoa a quem pagamos – às vezes muito bem – para que tome decisões. Se não for para tomar decisões, não haverá razão para que tenhamos gerentes em nossas empresas. Creio que todos concordam com isto. Assim, a atuação gerencial é sempre destinada a mover pessoas e, com isso, atingir resultados, e esta atuação se desenvolve em dois grandes campos, bastante distintos: na área de sua especialização técnico-profissional; por exemplo, financeira, comercial, industrial etc.; e na área tipicamente gerencial – a que nós chamamos de "funções gerenciais" inerentes à pessoa do gerente, qualquer que seja sua área de atividade técnico-profissional e/ou empresa na qual trabalha.

Não basta ser um ótimo técnico em vendas, finanças, produção etc. para ser um bom gerente. É necessário conhecer e, mais que isso, praticar as funções gerenciais. Este fato explica o porquê de muitas vezes perdermos um bom técnico e ganharmos um mau gerente quando o promovemos.

Já dizia Fayol que:

"À medida que subimos na escala hierárquica mais e mais necessitaremos conhecer e praticar as funções gerenciais."

3.1 Definindo estratégias (planejamento)

Dado um objetivo, devemos estabelecer *como* viabilizá-lo, e para tanto devemos definir quais serão as estratégias a serem adotadas (linhas básicas de ações), em quais etapas desmembrar o processo, quais os recursos empregar e qual o tempo necessário. Tudo isto é responsabilidade gerencial, e se constitui no ato a que chamamos *planejar*. Logo,

"Planejar significa estabelecer, com antecipação, a linha de conduta a ser trilhada, os recursos a empregar e as etapas a vencer para atender a um dado objetivo."

Constata-se, portanto, que o objetivo é preexistente, e o planejamento é feito para viabilizá-lo. O planejamento não antecede a ação, pois ele próprio constitui o início da ação, porque "planejar é prever o futuro e estabelecer os meios necessários para com ele conviver satisfatoriamente". Tanto mais preciso será um plano de ação quanto menor for o período de tempo envolvido. Assim, se planejamos para amanhã, nossa possibilidade de acerto é de praticamente 100%. Se o plano for para cinco anos, essa possibilidade será grandemente reduzida. Este fato obriga que o plano de ação seja revisto e atualizado a espaços de tempo adequados. Como nesse intervalo de tempo muitos fatos poderão ocorrer, há necessidade de que o plano de ação seja flexível, de modo a absorver os possíveis impactos que sobre ele venham a recair e conseguir, afinal, atingir o objetivo.

A nosso ver, o maior problema que pode ocorrer com o plano de ação é essencialmente humano, e se encontra nas mudanças gerenciais. É o caso de um novo administrador parar todo o esforço que estava sendo dedicado pelo seu predecessor à execução de um determinado plano (e os recursos já despendidos?) para desenvolver seu plano pessoal, pois só ele entende o que deve ser feito!

Há, finalmente, o risco de se encarar o plano de ação como um fim em si mesmo, especialmente em entidades públicas, quando, na verdade, ele deve ser visto, apenas, como uma ferramenta útil para atingir um determinado fim.

O plano de ação destina-se, portanto, a atender um dado objetivo, fixar os recursos necessários, determinar os prazos e estabelecer o sistema de controle e avaliação.

É interessante notar a diferença existente entre "política" e "norma", uma vez que ambas são utilizadas para estabelecer uma linha de ação a ser seguida, uma estratégia. Enquanto a política nos dá liberdade de ação, a norma é mandatória, não possibilita qualquer ação diferente da prescrita. Por exemplo:

- "Para promoções, dê preferência a pessoal com mais tempo de casa." É uma política, indica como deveremos agir quando de promoções de pessoal, mas não nos impede de, em caso de real necessidade, recrutarmos pessoal externo à empresa ou promover pessoal com menos tempo de casa.

Por outro lado:

- "É proibido vender fora das condições autorizadas de vendas" implica uma norma. Se efetuarmos vendas fora destas condições, o pedido não será aprovado e, se reincidirmos nesta atitude, poderemos vir a ser advertidos ou mesmo punidos.

3.2 Organizando os recursos necessários (organização)

Já temos os objetivos e acabamos de elaborar nossos planos, programas e orçamentos, indicando *como* iremos agir para viabilizá-los. O passo a seguir será o de organizar os recursos da maneira como foram previstos para podermos ir adiante. Isto compete, novamente, ao gerente e, para bem desincumbir-se destas tarefas, ele precisará organizar. O que é, portanto, "organizar"

Organizar é "definir e estabelecer a estrutura geral de uma empresa tendo em vista os objetivos, tal como determinado pelo planejamento", ou seja, consiste na distribuição dos recursos (capital, tecnologia, mão de obra etc.) conforme previstos pelo planejamento. "Organizar é, portanto, dispor dos recursos consoante o plano de ação", quer sejam recursos materiais ou humanos.

Em síntese, poderíamos generalizar que organizar seria "colocar o recurso certo no lugar e no tempo certo, segundo determinado pelo plano de ação, para atendimento de um dado objetivo". Do ponto de vista dos recursos humanos, das pessoas, isto se realiza pelo cumprimento das seguintes funções:

- recrutar;
- selecionar;
- admitir;
- integrar;
- treinar;
- assistir;
- avaliar.

Está dentro da função organizar o estabelecimento claro de *quem faz o que, quando e como*. Nestas definições deveríamos fazer constar sempre o *porquê* – que é um dos maiores elementos motivadores que se conhece. Todavia, é raro o encontrarmos.

Organizar nada mais é do que dividir as responsabilidades e delegar atribuições e autoridade. Note que a responsabilidade não é delegável, mas assumida, e isto é muito diferente.

3.3 Fazendo acontecer (realização e comando)

De nada adiantará a existência de objetivos claros e viáveis, aliados à adequada definição de planejamento e alocação de recursos, se não se "arregaçar as mangas", se não se trabalhar. Sem ação não há realização! Para colocar a empresa em marcha e mantê-la no rumo certo, o gerente necessita saber realizar e comandar. Mas, o que é, de fato, "realizar e comandar"?

> *"Realizar e comandar é fazer com que seja feito, no tempo devido, aquilo que fora previsto e determinado para ser feito."*

Ações punitivas poderão vir a ser adotadas se o estipulado deixar de ser cumprido. Tais ações punitivas revestir-se-ão de formas diferenciadas segundo o grau de gravidade da falta cometida.

Para o sucesso da ação de realização e comando, é fundamental conhecer os seguintes conceitos:

a) Autoridade – direito de mandar e poder de se fazer obedecer. A pessoa que realiza e comanda tem de ter autoridade formal para tanto.
b) Disciplina – obediência às normas estabelecidas, e às ordens do superior hierárquico, dentro do âmbito de sua autoridade.
c) Unidade de Comando – um agente deve receber ordens de um só chefe, ou seja, deve ter apenas um superior funcional.

Sem uma ação de realização e comando adequada, resultados positivos poderão ser alcançados graças apenas à casualidade.

3.4 Coordenando esforços e recursos

Bem, agora já estamos com nossa empresa ou área em plena atividade; existem objetivos, planos, organização e comando. Se fôssemos robôs nada mais precisaríamos para funcionar e apresentar os resultados desejados. Mas não somos. Somos seres humanos, e necessitamos de algo mais para podermos trabalhar e transformar um grupo de pessoas em uma equipe. Precisamos que o gerente use de sua capacidade de harmonizar esforços, nos coordene. Sem isso jamais seremos uma equipe. O que é "coordenar"?

> *"Coordenar é harmonizar o emprego dos recursos (todos) disponíveis, tendo em vista o planejamento, de modo a viabilizar a consecução do objetivo."*

Do ponto de vista humano, "coordenar" talvez seja a mais difícil função gerencial a ser executada, pois trata-se de uma função de boa "política", de reconhecimento e de incentivo.

Quanto ao pessoal, coordenar é "ajustar harmoniosamente os esforços de qualquer grupo de pessoas, chegando ao trabalho em equipe, eliminando as arestas dos desejos pessoais a favor do bem comum".

Coordenar é procurar adequar o emprego dos recursos disponíveis (ou possíveis de seu dispor) na quantidade e intensidade compatíveis com o objetivo a atender.

Do ponto de vista humano, esta função é cíclica, com o seguinte comportamento ao longo do tempo:

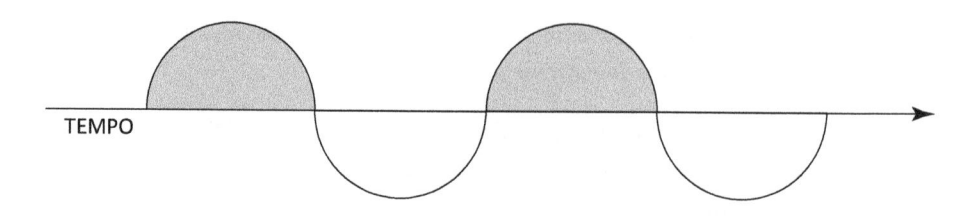

Existirão períodos de perfeita harmonia entre as pessoas, os seres humanos. É o trabalho em equipe. É a confiança no líder. É a certeza do sucesso. Nesses períodos, nada poderá deter o avanço da empresa. Em contrapartida, quer pela falta de um dos elementos da equipe, quer por sua desmotivação, quando deixa de haver a equipe, o entusiasmo, a vontade de vencer, a empresa sofre com isso, podendo chegar à insolvência se o dano demorar tempo demais para ser reparado.

3.5 Controlando e avaliando resultados

Agora sim, trabalhamos em equipe! Há harmonia e os trabalhos começaram a produzir resultados satisfatórios. Cabe uma dúvida: Estes resultados são adequados? São aqueles que desejávamos/queríamos/precisávamos obter? O gerente terá então de agir novamente, no sentido de avaliá-los e para isto exerce a sua função de controle. Mas o que entendemos, então, por "controlar"?

"Controlar é avaliar o desempenho real diante do previsto no planejamento, possibilitando a adoção de ações corretivas."

Além de cuidar para que tudo se passe de acordo com as regras estabelecidas e as normas vigentes. O controle, para ser eficaz, deve se realizar em tempo útil e oportuno e, quando necessário, ser seguido de sanções.

Há necessidade de se determinar claramente *quem* controla, *o que* deve ser controlado, *para que* controlar, *quando* e *como* controlar e, principalmente, *até que ponto* controlar. Cremos ser parâmetro adequado para responder à última pergunta dizer:

> "*Até o ponto em que o custo de controle não iguale ou supere os benefícios proporcionados pela ação de controlar.*"

O resultado da ação de controlar deve permitir uma tomada de decisão gerencial que, às vezes, poderá acarretar alterações profundas no planejamento e em todas as demais funções gerenciais.

É comum gerentes entenderem a função de controle como uma função fiscalizadora, policial e punitiva. Longe disso! A função de controle deve ser orientadora do caminho a seguir e ser executada dentro dos princípios de "administração por exceção".

Cada vez mais necessitamos de gerentes com claras características de liderança. Pessoas capazes de contribuir para a motivação de suas equipes profissionais; facilitadores das ações. Para isto é necessário que as funções de controle sejam repartidas entre todos os elementos da equipe, e o controle deve ser exercido no ato da realização das ações.

É importante deixarmos bem claro por que enfocamos, neste trabalho, o estudo de gerência e as funções típicas de gerência. Cremos que seja bastante simples a explicação: estamos falando sobre sistemas de informações para gerentes. Portanto, o que deveriam ser tais sistemas? Elementos de suporte, de apoio ao processo de tomada de decisões dos gerentes. Assim sendo, tais sistemas deveriam não apenas facilitar a cada gerente a tomada de decisões na área de sua especialização, mas, principalmente, contribuir para a melhoria das sistemáticas de planejamento, organização, comando, coordenação e controle de suas áreas, de todos os recursos – humanos e materiais – que a empresa coloca sob sua responsabilidade, sempre no sentido de que os objetivos sejam adequadamente alcançados.

4. O que deveria ocorrer em termos de administração

Cremos que em uma empresa adequadamente estruturada o processo básico de administração deveria incluir os seguintes passos:

PASSO 1: ESTABELECER OS OBJETIVOS

Os principais executivos da empresa, e cada gerente especificamente, deveriam definir, com clareza, O QUE desejam seja atingido, em termos de produtos, serviços, pessoal, retorno etc., *em quanto tempo* e *a que custo*. Para tanto, deveriam apoiar-se em seus sistemas de informações, sistemas estes que não se limitariam ao fornecimento de informações internas, mas também de toda a comunidade de interesse da entidade. Alguns chamam a este processo "determinar as estratégias da empresa", com o que não concordamos, posto que as estratégias vão corresponder ao passo seguinte – o de planejamento, conforme veremos adiante. Para nós, esta primeira grande tarefa é bastante clara: corresponde ao estabelecimento de OBJETIVOS globais, no nível de toda a organização, que serão, a seguir, detalhados no nível de cada uma das áreas de operação da empresa: compras, produção, manutenção, vendas, pessoal etc. Há que ser indicado, sempre, *o que queremos* atingir, em *quanto tempo* e a *que custo*. Os objetivos poderão ser atendidos a longo, a médio ou a curto prazos (tempo não superior a seis meses, por exemplo), mas deverão ser redigidos e desenvolvidos em conjunto com as pessoas responsáveis por sua consecução, participativamente!

PASSO 2 : PLANEJAR

Definidos os objetivos e, apenas após isto, nos é possível planejar o *como* fazer para alcançá-los. Não é possível planejar se não soubermos *para quê*. Logo, devemos estudar alternativas diferentes de como poderemos alcançar qualquer objetivo. Sempre teremos alternativas. Aí estão, portanto, as *estratégias*, isto é, as linhas de conduta que iremos adotar para alcançar nossos objetivos. Atentemos que o planejamento deverá indicar *que* recursos serão necessários, *como* e *quando* deverão ser empregados. As necessidades de recursos variarão, portanto, consoante a estratégia que viermos a adotar. Vejamos, para maior esclarecimento, um exemplo com um objetivo militar:

- seja o nosso objetivo a conquista de uma colina dominada por nossos inimigos que esteja sendo defendida por um conjunto de homens armados com metralhadoras modernas, potentes – um ninho de metralhadoras. Cremos que nosso objetivo poderá, por exemplo, ser assim enunciado: "assegurar a conquista da colina X em cinco dias, com a perda de, no máximo, 10 elementos" (é o maior "custo" que queremos/podemos incorrer, é o quanto pagaremos pela consecução do objetivo);
- a seguir, planejaremos *como* será possível viabilizar este objetivo e analisaremos as diferentes *estratégias* que poderemos adotar, por exemplo:
   a) Ataque em massa é uma estratégia que exigirá grande aporte de recursos – humanos e materiais – e que poderá fazer com que:
      - possamos atingir o objetivo em tempo menor do que o previsto;
      - percamos muito mais do que 10 elementos, máximo que nos havíamos predispostos a "perder".

Assim, analisados os prós e os contras desta estratégia, decidimos pela sua não adoção.

b) Guerrilha: estratégia que corresponde a conduzirmos ataques rápidos e de surpresa sobre o inimigo até destruí-lo ou ele se veja forçado a abandonar a posição.

Os custos a incorrer nesta estratégia serão menores; além disso, também teremos recursos humanos e materiais, pois:

- poderemos não chegar a perder nem os 10 elementos a que nos propusemos, mas
- com certeza não conseguiremos conquistar a posição no tempo estabelecido – cinco dias.

Novamente, analisados os aspectos positivos e negativos, por hipótese, podemos decidir pela não adoção desta estratégia.

c) Ataque planejado, com poucos recursos – talvez seja a alternativa vencedora, pois empregaremos poucos homens, altamente treinados e poucos recursos materiais, porém suficientes e, mediante um planejamento adequado, poderemos ter sucesso e, quem sabe, nem chegaremos a perder a quantidade de homens prevista.

PASSO 3 : ORGANIZAR

Uma vez definido o objetivo, escolhida uma estratégia e preparado um planejamento, o passo a seguir é, sem dúvida, o de *organizar*, que corresponde à obtenção e alocação dos recursos previstos no plano, da maneira estabelecida.

Cremos que concordarão conosco que não poderemos cobrar resultados de um gerente se não lhe tivermos fornecido condições necessárias e suficientes para que possa atuar adequadamente.

PASSO 4: COMANDAR

Agora temos de *agir* e cuidar para que *toda a equipe aja*, uma vez que sem ação não há realização. Mas as ações deverão ser aquelas que foram previstas no processo de planejamento, utilizando as pessoas e os recursos ali previstos. E para que isto ocorra a contento, sem maiores problemas de relacionamento humano, é que precisamos do passo seguinte.

PASSO 5: COORDENAR

Coordenação é a mais importante e difícil tarefa a ser cumprida pelo gerente! Esta função é que consegue transformar um grupo de pessoas em uma equipe.

Corresponde a agir de modo a obter adequada harmonização no emprego de todos os recursos, mas, principalmente, do recurso humano. Há que se conseguir conduzir os esforços de cada um dos membros da equipe, sempre direcionando-os ao bem maior da própria equipe, e não ao bem-estar individual – do gerente ou de qualquer outro "apadrinhado"! Por isso que Simon, com muita propriedade, definiu o gerente como "aquele que consegue resultados através de outras pessoas". Definição esta que, como você se lembra, mudamos para "aquele que consegue resultados *com* outras pessoas".

PASSO 6: CONTROLAR

Os gerentes, responsáveis pela empresa como um todo e por cada área em particular, deverão controlar e avaliar os resultados alcançados. No nosso exemplo militar, é preciso verificar se conseguimos conquistar aquela colina e, em caso positivo, em quanto tempo e a que custo, e se nesta avaliação houve uma variação significativa, é preciso tomar as medidas de correção necessárias. No caso, ajuste de dados para um outro objetivo semelhante.

Finalizando este capítulo, é importante ressaltar que o processo de administração e gerência se constitui em constante aprendizado. Nunca alguém poderá ter a petulância de afirmar ser o dono da verdade, o conhecedor de tudo. E uma das principais razões diz respeito ao principal recurso que administramos ou gerenciamos, que é o ser humano, e não existem dois seres humanos iguais. Assim sendo, os valores são diferentes de A para B, e as reações destes elementos a um mesmo estímulo não necessariamente serão iguais. Deste modo, se quisermos, de fato, ter algum sucesso como administrador, como gerente, deveremos estar dispostos a aprender – sempre – durante toda a nossa vida! É o que cremos que você fará, e, para tanto, lhe desejamos, mais uma vez, sucesso!

Avalie seu aproveitamento

Após você haver concluído o estudo dos dois primeiros capítulos que compõem este livro, que tal responder ao questionário a seguir? Fazendo isto, você poderá avaliar o quanto absorveu de tudo que falamos. As respostas a este questionário estão no final do livro, mas temos certeza que você não irá examiná-las *antes* de haver respondido. Uma vez concluído seu teste e acompanhado suas respostas, e se, por qualquer motivo, você não tiver se saído muito bem, que tal voltar e reler os temas respectivos? Faça assim e seu aproveitamento será muito grande!

Questionário de reforço nº 1

1. Apresentamos uma série de conceitos de administração válidos para toda e qualquer empresa. A seu ver eles são básicos para entendermos melhor:

   a) seleção e recrutamento de pessoal.
   b) organização e informática.
   c) sistemas de informações gerenciais.
   d) todas válidas.
   e) nenhuma válida.

2. Para que uma empresa tenha sucesso, dentre outros fatores, será necessário que haja:

   a) conceituação clara dos objetivos a serem atendidos.
   b) um histórico de evolução das taxas do dólar de doze meses.
   c) planejamento global.
   d) um sistema contábil adequado.
   e) sistemática de avaliação e correção de desvios.
   f) todas válidas.

3. A representação

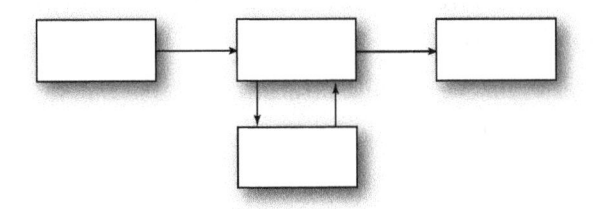

   mostra a empresa:

   a) como produtora de bens e/ou serviços.
   b) diante da comunidade.
   c) *a e b*
   d) nenhuma válida.

4. A existência de metas formais e objetivos adequadamente estabelecidos é de fundamental importância para a execução da "administração por objetivos". Um conceito válido para "objetivo" seria:

   a) um fim que se deseja atingir.

b) um propósito claramente explicitado e adequadamente quantificado.
c) uma adequada quantificação de propósitos.

5. Em relação aos objetivos, faça a devida correspondência entre causa e efeito:

   a) claramente explicitado.
   b) adequadamente quantificado.
   c) melhor compreensão.
   d) avaliação de resultados.

6. A "administração por objetivos" ou por resultados apoia-se fundamentalmente na pessoa do "gerente". Conforme vimos, "gerente" é:

   a) aquele que administra.
   b) que ocupa um cargo de confiança.
   c) ambas as anteriores.
   d) dê seu conceito em, no máximo três linhas:
   _____
   _____
   _____

7. Conforme vimos, as funções gerenciais, inerentes a cada gerente, são: "planejar", "organizar", "realizar e comandar", "coordenar" e "controlar". Um conceito válido para "planejar" seria:

   a) estabelecer a linha de conduta a trilhar.
   b) fixar objetivos a atingir.
   c) prever resultados.
   d) dê seu conceito:
   _____
   _____
   _____

8. A organização segue o planejamento. Logo, havendo planejamento poderemos ter adequada organização; não o havendo, a qualidade da organização sempre será prejudicada. "Organizar", então, seria:

   a) seguir o planejamento.
   b) dispor de recursos.
   c) alocar os recursos conforme o planejamento.
   d) todas corretas.
   e) nenhuma correta.

9. A boa organização cuida de "colocar o recurso certo no lugar certo". Para isto, é necessário que haja:

    a) divisão de deveres e de atribuições.
    b) uma estrutura geral adequada.
    c) critérios formais de recrutamento, seleção, formação e assistência do pessoal.
    d) todas as anteriores.

10. Quais os atributos necessários para que haja efetiva ação de comando de uma empresa?

    a) hierarquia.
    b) unidade de comando.
    c) autoridade.
    d) todas.

11. Verificamos que "coordenar" é ajustar harmonicamente os esforços de qualquer grupo de pessoas. Por que razão dissemos que esta função ocorre mais fortemente a intervalos determinados de tempo?

    a) porque é parabólica.
    b) porque as pessoas não são eternas.
    c) porque não se consegue manter uma "equipe" por muito tempo.

12. Talvez uma das menos adequadamente seguidas funções gerenciais seja a de "controlar". Isto ocorre porque:

    a) os gerentes não estão adequadamente conscientizados.
    b) não há adequada metodologia de planejamento.
    c) ambas as anteriores.
    d) nenhuma válida.

SISTEMAS DE INFORMAÇÕES

1. Objetivos do capítulo

Nosso principal propósito, neste capítulo, é transmitir os fundamentos da teoria dos sistemas e discutir os qualificativos básicos das informações, notadamente aqueles necessários ao processo de tomada de decisões, que devem ser fornecidos aos gerentes. Ao finalizar este capítulo, você, caro(a) leitor(a) deverá estar capacitado(a) a:

- entender o que seja um sistema de informações e aquilatar a importância da adequada parametrização do campo de trabalho de um sistema;
- constatar a importância – para a adequação dos sistemas – da necessidade de clara determinação de objetivos;
- analisar o impacto da existência de sistemas simples ou de sistemas integrados no processo de preparar e fornecer as informações necessárias ao trabalho de tomada de decisões;
- conhecer a evolução dos sistemas de informações.

2. O campo de trabalho de um sistema

Um conceito universal, genérico, válido para qualquer sistema físico, material, é:

"Sistema é um conjunto de partes e componentes, logicamente estruturados, com a finalidade de atender a um dado objetivo."

No campo empresarial, podemos dizer que:

"Sistema é um conjunto de funções logicamente estruturadas, com a finalidade de atender a determinados objetivos."

Assim, podemos verificar que toda empresa é um sistema, um grande sistema, um macrossistema.

A empresa em si é uma estrutura estática. O que movimenta esta estrutura, o que lhe dá dinamismo, é o conjunto de seus sistemas de informações, ou seja, a gama de informações produzidas pelos seus sistemas, de modo a possibilitar o planejamento, a organização, a coordenação e o controle de suas operações.

É de consenso geral, tanto no mundo empresarial quanto no acadêmico, que os sistemas de informações compõem um dos maiores e mais valiosos ativos da empresa. Podemos afirmar que uma empresa será mais dinâmica, mais agressiva, mais inovadora e mais atuante no mercado do que suas concorrentes, na medida em que possua melhores sistemas de informações e, evidentemente, conte com pessoas na alta e média administração capacitadas e motivadas a se utilizar destas informações para as suas tomadas de decisões.

Entendendo-se toda a empresa como um sistema, cada uma de suas áreas de atividade pode ser considerada como um "subsistema".

Apresentamos, a seguir, parte de um organograma de uma empresa. A empresa é um sistema e cada uma de suas áreas – no caso, suprimentos, industrial e marketing – é um subsistema do sistema empresa.

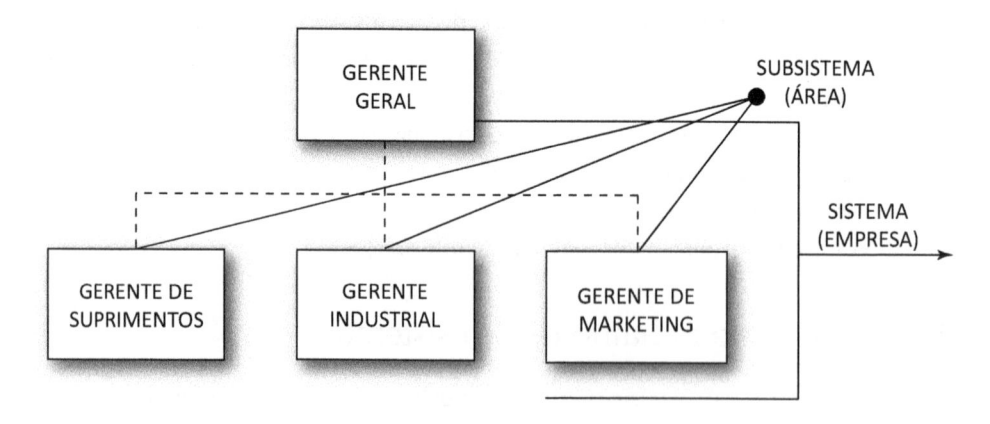

Evidentemente, cada um dos subsistemas apresentados decompõe-se em outros. Por exemplo:

Sistema empresa

Subsistema industrial:
- subsistema de planejamento e controle da produção,

- subsistema de operação industrial,
- subsistema de manutenção industrial etc.

Logo, um subsistema é parte de um sistema e, como este, constitui um conjunto de funções, logicamente estruturadas, visando atender a um dado objetivo.

A divisão de um sistema em subsistemas é motivada por uma série de necessidades de ordem prática, dentre as quais:

- planejamento, organização, coordenação e controle de trabalho;
- urgência do estudo;
- particularização de um dado problema, gerador do estudo;
- custo-benefício etc.

Uma simbolização válida para o sistema "empresa" e alguns de seus subsistemas (em uma empresa industrial e comercial) poderia ser a seguinte:

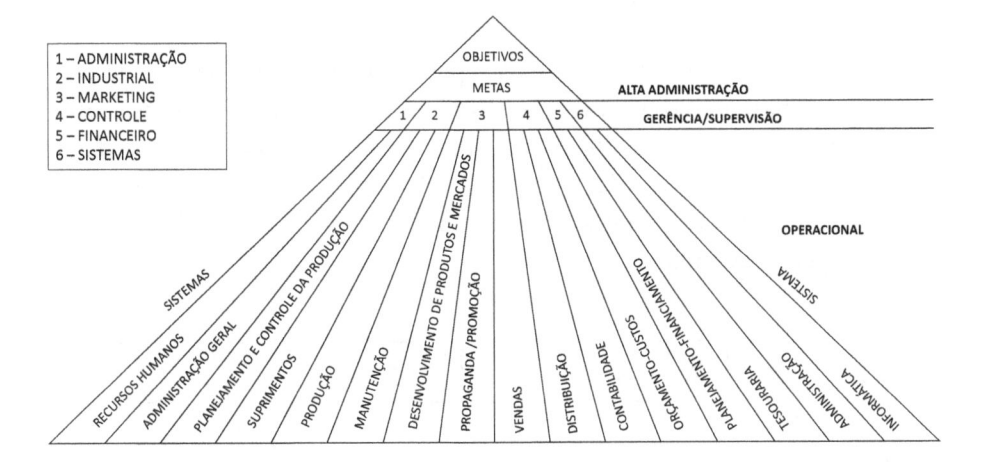

```
1 – ADMINISTRAÇÃO
2 – INDUSTRIAL
3 – MARKETING
4 – CONTROLE
5 – FINANCEIRO
6 – SISTEMAS
```

É clara a separação dos três níveis hierárquicos principais: alta administração, gerência e operacional. Compete à alta administração a fixação das metas e objetivos globais da empresa, os quais, para sua realização, deverão decompor-se em metas e objetivos setoriais, divisionais e departamentais. Fica evidente, então, que a correta administração de uma empresa, qualquer que seja, só terá condições de ser realizada com sucesso se seus diretores, gerentes e pessoal de supervisão trabalharem em colegiado, cada um somando esforços com os demais, posto que de nada adiantaria que um dos gerentes cumprisse todos os objetivos de sua área – e fosse além – se um outro não fizesse a sua parte, não atendesse aos seus objetivos. O objetivo ou meta global correspondente não seria atingido, apesar do esforço enorme desenvolvido por aquele primeiro gerente.

Acrescentando, o exame detalhado da pirâmide apresentada nos indica a real razão de ser da área de sistemas nas empresas – mais conhecida hoje em dia como Assessoria de Organização e Informática, engloba aquelas funções e as de TI (Tecnologia da Informação). Note-se que os trabalhos de projeto, desenvolvimento e implantação de sistemas de informações, cada vez mais configurados em rede (*network*), são de tal forma importantes que esta Assessoria, em muitas organizações, recebe o nome de "Engenharia de Sistemas". A atividade de organização e informática (TI) justifica-se na medida em que:

- assessore os gerentes (em seus vários níveis) na determinação de suas necessidades de informações para planejamento, organização, realização e comando, coordenação e controle do cumprimento de seus objetivos;
- crie, desenvolva, contrate e implante os sistemas capazes de produzir e fornecer essas informações aos gerentes na qualidade adequada, em tempo oportuno e em uma relação de custo-benefícios adequada.

Conforme já salientamos, um sistema – por exemplo, marketing – se decompõe em subsistemas: propaganda, vendas, distribuição etc.; estes, em outros subsistemas menores; e assim por diante. Assumem, portanto, importância primordial o estabelecimento, a delimitação da abrangência, da amplitude de cada sistema e/ou subsistema. Esta delimitação é fornecida pelos "parâmetros" e "alcances" do sistema. Vejamos o seguinte exemplo:

| A | 1 | 2 | 3 | 4 | 5 | 6 | ... | B |

Temos aí o sistema A-B (que poderia ser o sistema empresa) e alguns de seus subsistemas: 1, 2, 3 etc. Damos o nome de parâmetro inicial à primeira função cumprida pelo sistema e de parâmetro final à última. Assim sendo, o que delimita o campo de trabalho de um sistema são os seus parâmetros iniciais e finais.

Todas as funções que formam o campo de trabalho do sistema, desde a primeira função, o parâmetro inicial, até a última, o parâmetro final, recebem o nome de alcances, escopo, abrangência do sistema. Vejamos, como exemplo, o seguinte conjunto de funções de um sistema de atendimento de pedidos:

1. Receber os pedidos emitidos pelos vendedores.
2. Registrar os pedidos no controle geral de vendas.

3. Aprovar os pedidos quanto a condições comerciais.
4. Aprovar os pedidos no tocante a não ultrapassar o limite de crédito e a inexistência de dívida vencida e não paga.
5. Verificar a existência de estoque de mercadorias, capaz de permitir o atendimento do pedido.
6. Calcular e emitir os documentos fiscais.
7. Efetuar a separação das mercadorias e carregar os caminhões.
8. Efetuar a entrega das mercadorias e/ou dar entrada das mercadorias não entregues.

Os parâmetros inicial e final deste sistema serão as funções 1 e 8, respectivamente. O alcance do sistema serão todas as funções, de 1 até 8, inclusive.

Em grande parte, o sucesso ou malogro do trabalho de sistemas depende de como se fixam os objetivos a atingir, do campo de trabalho e da participação ativa dos executivos e demais usuários em todas as fases do desenvolvimento, implementação e operação de sistemas. É tão importante a fixação adequada de parâmetros e alcances que, sem ela, e, por extensão, sem planejamento, organização e controle, não é possível o trabalho de análise e desenvolvimento de sistemas, e muito menos o gerenciamento da área de Assessoria de Organização e Informática (TI).

3. A empresa e seus sistemas de informações

Vamos esclarecer um pouco mais os conceitos emitidos até aqui e, para tanto, sempre será conveniente lembrar que existirão tantas empresas e ramos de negócios quantas forem as necessidades do ser humano. A cada nova necessidade surgida, ou sugerida, por exemplo, pela propaganda, existirá uma (ou mais) empresas que diversificarão suas operações; ou novas empresas serão constituídas para atender àquela necessidade. A estas necessidades damos o nome técnico de "demanda", e à atividade de a empresa produzir para atender a essa demanda denominamos "oferta". O sistema capitalista tem como uma de suas bases a procura de um certo equilíbrio entre a oferta e a demanda. A economia nos ensina, por exemplo, que, quando a oferta é muito maior que a demanda, os preços tendem a cair; quando ocorre o inverso, os preços tendem a subir, há muita gente à procura de pouco produto, logo, este tende a ser considerado como raro ou valioso, e as pessoas ficam predispostas a pagar mais para adquiri-lo.

Poderíamos classificar as principais atividades empresariais como sendo industriais, comerciais, financeiras e de serviços. Cada uma destas atividades abre-se em vários setores ou ramos de negócio. Deste modo, poderemos ter, por exemplo:

Atividades	Setores/ramos de negócios
Industrial	Extração (mineral ou vegetal)
	Beneficiamento
	Fiação e tecelagem
	Confecções
	Alimentício
	Químico
	Automobilístico
	Naval
	Aeronáutico
	etc.
Comercial	Varejista
	Atacadista
	Distribuição
	etc.
Financeira	Corretagem
	Securitário
	Bancário
	Distribuidoras
	Câmbio
	etc.
De serviços	Assistência médico-odontológica
	Assistência hospitalar
	Engenharia
	Consultoria
	Advocacia
	Auditoria
	etc.

Convém salientar que não existe uma terminologia definida neste campo de atuação humana – como, de sorte, não existe em quase nenhum outro campo, apenas no terreno das ciências exatas. Assim, aquilo que aqui intitulamos "atividades" outros poderão chamar de "área", e ao que denominamos "setores" poderão dizer que são "segmentos". O importante, portanto, é que se venha a adotar uma terminologia e, graças a ela, possamos diferenciar uma coisa da outra. Cremos válida, como exemplo, a seguinte terminologia:

Atividades	Setores	Ramos de atividade
Industrial	Primário	Defensivos agrícolas
		Inseticidas
		Adubos etc.

Independente do ramo de negócios, e ainda a título de exemplo, vejamos os principais sistemas da "atividade industrial".

Qualquer que seja o ramo de atividade e o produto fabricado, uma empresa industrial sempre contará com três sistemas – FINS –, razão de ser de sua existência: suprimentos, industrial e comercial. Quer dizer, para que a empresa possa, por exemplo, fabricar liquidificadores, ela deverá, no mínimo:

- comprar peças e componentes;
- industrializar e montar os aparelhos; e
- comercializá-los, vendê-los a terceiros, isto é, os seus consumidores.

Mas, para que a empresa possa executar e realizar seus sistemas – FINS – ela necessitará da ação de pessoas, de seres humanos e de recursos financeiros, e precisará CONTROLAR que tudo se passe segundo esteja previsto. Por esta razão, toda e qualquer empresa contará com três sistemas – MEIOS – necessários para que realize os sistemas – FINS –, a saber: *recursos humanos, financeiro* e *controladoria*.

Assim sendo, toda e qualquer empresa industrial contará com seis grandes sistemas, a saber:

FINS: *Suprimentos – Industrial – Comercial*
MEIOS: *Recursos Humanos – Financeiro – Controladoria*

Como já sabemos, um sistema nada mais é do que "um conjunto de funções logicamente estruturadas, de modo a atender a determinados objetivos". Assim, o sistema de suprimentos, por exemplo, nada mais é do que o conjunto de funções, de tarefas realizadas na área de suprimentos com as finalidades principais de:

- manter e controlar os estoques;
- executar todo o processo de compras e ressuprimentos;
- avaliar o desempenho do processo de compras, de ressuprimentos e os níveis de estocagem.

Observam-se, portanto, pelo menos dois grandes subsistemas como componentes do sistema de suprimentos: o de Compras e o de Almoxarifado – ou estoques. Resumindo, eis as principais funções executadas em cada um destes dois subsistemas – como já dissemos, os seus alcances.

3.1 Subsistemas de compras

- receber solicitações de compras de mercadorias;
- verificar sua adequação e níveis de aprovação;

- obter aprovação, caso inadequada;
- selecionar os fornecedores a serem cotados;
- emitir e distribuir as solicitações de cotação;
- receber as cotações dos fornecedores;
- analisar e escolher a melhor alternativa;
- emitir os pedidos de fornecimento de mercadoria;
- obter aprovação e distribuir as vias dos pedidos;
- receber, do almoxarifado, os avisos de recebimento de mercadorias;
- pesquisar a documentação e encerrar o processo;
- receber, do almoxarifado, avisos de irregularidades ocorridas no processo de atendimento dos pedidos;
- resolver as pendências junto aos fornecedores;
- emitir estatísticas dos trabalhos realizados.

3.2 Subsistemas de almoxarifado

- receber requisições de mercadorias;
- verificar se estão adequadamente aprovadas;
- verificar se se referem a itens "de estoque" (aqueles que, normalmente segundo uma política da empresa, devem ser estocados);
- devolver ao solicitante, em caso de anormalidade;
- verificar se há estoque suficiente;
- atender parcialmente, caso o estoque seja insuficiente;
- atender totalmente, caso haja estoque para tal;
- anotar a quantidade fornecida (saída do estoque) e atualizar o saldo em estoque;
- verificar se o estoque atingiu o "ponto de pedido" (uma quantidade prefixada que causa, automaticamente, a necessidade de reposição, de iniciar um processo de compras, de ressuprimento);
- emitir solicitação de compras para os itens que tenham atingido o ponto de pedido;
- receber, de compras, uma via dos pedidos de fornecimento de mercadorias;
- proceder ao seu arquivamento temporário;
- receber as mercadorias e as notas fiscais dos fornecedores;
- pesquisar os pedidos correspondentes;
- conferir os dados dos pedidos contra os das notas fiscais;
- conferir as mercadorias contra as notas fiscais e pedidos;
- encaminhar mercadorias ao controle de qualidade;
- anotar possíveis divergências;
- receber e analisar os laudos técnicos de qualidade;

- comunicar as divergências à área de compras;
- devolver as mercadorias irregulares aos seus fornecedores;
- dar entrada ("armazenar") das mercadorias adequadas;
- atualizar os saldos das mercadorias pelas suas entradas;
- realizar inventários físicos periódicos;
- preparar e emitir estatísticas sobre os trabalhos realizados.

Atenção! Cada vez mais emprega-se o termo *logística* para denominar o que aqui é chamado *sistema de suprimentos*; sistema este que engloba as seguintes grandes funções: compras, armazenagem, movimentação interna de materiais e transportes.

Atentemos para o seguinte:

1) As funções cumpridas pelos sistemas são SEMPRE escritas, iniciando-se pelo verbo, que pode estar no infinito – como apresentado –, ou no presente (recebe, arquiva, emite, confere etc.)
2) No nível de sistema, não se indica **como, quem, quando** nem **por que** as funções são feitas, mas tão somente **o que fazer**.

Cremos que cada gerente deveria conhecer **o que** é feito em sua área e **por que**, deixando o **como** e o **quando** sob a responsabilidade de seus funcionários.

Observe que durante muitos anos as empresas gastaram tempo e muito dinheiro na preparação de "manuais de procedimentos", detalhando **o que** cada sistema/pessoa deveria fazer. Como em tudo, havia vantagens e desvantagens. Uma das vantagens principais era a de tornar os sistemas independentes das pessoas envolvidas, não se ter "donos de sistemas, donos da verdade", diminuindo a dependência das empresas em relação aos seus funcionários. Todavia, um dos aspectos mais negativos era a limitação da capacidade criativa das pessoas. Elas deveriam cumprir "cegamente" os manuais, não podiam fazer alterações e, com isso, a empresa também perdia, não se renovando, não inovando. Hoje, a tendência é deixar o COMO sob a responsabilidade de cada executor, contribuindo para que ele possa manifestar sua criatividade e se desenvolva como ser humano que é.

O fato, infelizmente, é que uma boa quantidade de gerentes não **são** gerentes, mas **estão** gerentes, não tendo, por conseguinte, condições técnicas para ocupar a posição gerencial. Então, poder-se-ia perguntar por que ocupam tais posições? Ora, existem inúmeras explicações: por ser membro da família, por estar há muito tempo na empresa, por ser elemento de confiança da direção da empresa, e tantas outras!

Há pouco, fizemos uma representação de uma empresa industrial na forma de uma pirâmide, indicando alguns de seus principais sistemas. Outra maneira de vermos uma empresa industrial pode ser circular, assim:

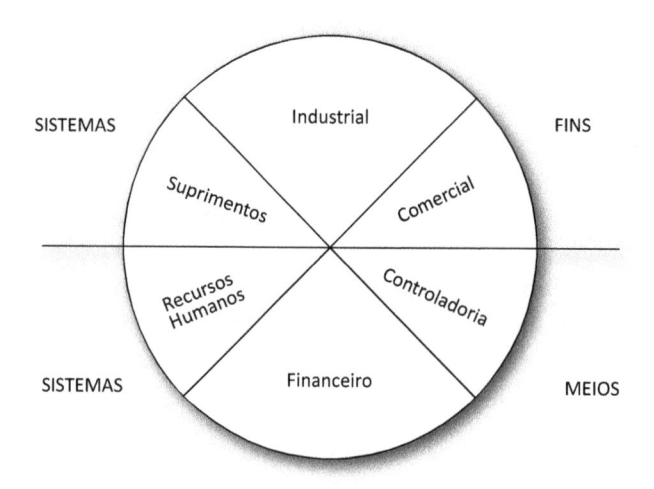

```
                    Industrial
SISTEMAS                              FINS
         Suprimentos    Comercial
         ─────────────────────────
         Recursos       Controladoria
         Humanos
SISTEMAS    Financeiro                MEIOS
```

A importância da diferenciação entre sistemas – "fins" e "meios" – reside no fato de que, primeiramente, a empresa deveria dar prioridade à alocação de seus recursos, sempre escassos (inclusive os de Informática), na execução, no atendimento de seus sistemas-fins – que são os principais geradores de recursos financeiros, recursos estes necessários à sobrevivência da entidade e, inclusive, à manutenção dos sistemas-meios. Cremos que você, caro(a) leitor(a) concorda conosco, embora nem sempre seja o que se pode observar.

4. Informações – conceitos e características

É de consenso geral que a informação é ao mesmo tempo matéria-prima e produto acabado da atividade de sistemas. E sabe-se também que a informação – adequadamente estruturada – contribui para que a empresa se torne mais e mais dinâmica, a ponto de afirmarmos que "tanto mais dinâmica será uma empresa quanto melhores e mais adequadas forem as informações de que os gerentes dispõem para suas tomadas de decisão". Mas, o que é, genericamente falando, "informação"?

Um conceito genérico, válido para "informação", pode ser:

"Um fato, um evento, comunicado."

Claro, podemos comunicar algo que não seja um fato. Neste caso, estaríamos divulgando boatos, nunca informações. Por outro lado, poderia estar ocorrendo um fato na empresa, por exemplo: manipulação dolosa do contas a receber; e, por falta de comunicação, este fato não seria informação. Certo? Então relembre que, genericamente falando, "informação é um fato comunicado".

A informação na empresa, usualmente, pressupõe uma organização de "dados" (fatos e números) para poder ser apresentada de forma inteligível a uma determinada pessoa. Vejamos:

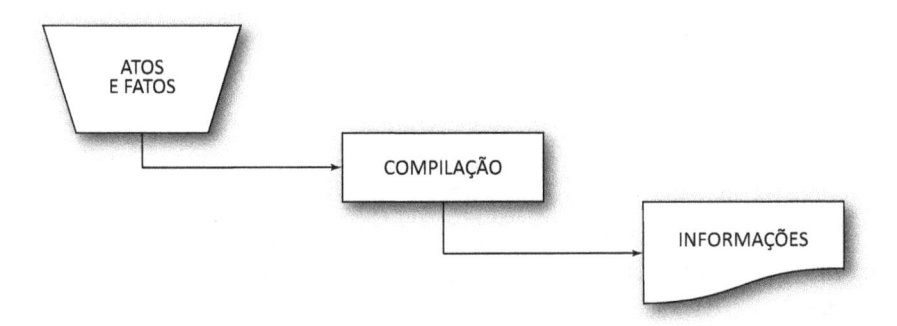

```
┌─────────┐
│  ATOS   │
│ E FATOS │──────┐
└─────────┘      │
                 ▼
           ┌───────────┐
           │ COMPILAÇÃO│──────┐
           └───────────┘      │
                              ▼
                       ┌────────────┐
                       │ INFORMAÇÕES│
                       └────────────┘
```

Atentemos que para termos informação precisamos compilar, reunir fatos e números, os quais, devidamente preparados, nos possibilitam elaborar uma dada informação. Todavia, por melhor que seja a informação, se esta não for comunicada a quem de direito – e no tempo certo –, todo o trabalho terá sido pura perda de tempo.

Convém diferenciar os conceitos de "dados" e de "informações". Tecnicamente, dados são os itens básicos da informação, antes de ser processados por um sistema, enquanto informações são os relatórios, os resultados do processamento dos dados. Os dados alimentam, dão entrada no sistema, e as informações são produzidas, saem do sistema, seja este manual ou computacional.

Poderíamos classificar as várias informações da empresa como financeiras, industriais, comerciais, contábeis etc., mas, para os nossos propósitos, utilizaremos dois grupos apenas:

- operativas, ou operacionais; e
- gerenciais.

Informação operativa é a necessária à realização de uma função, de uma operação. Exemplo: uma requisição de material é necessária à retirada do material do almoxarifado, à atualização quantitativa e financeira dos estoques etc.

Informação gerencial é todo resumo de informações operativas que chega até um gerente, pondo-o a par de algo de sua competência, de sua responsabilidade e permitindo-lhe tomar uma decisão. Exemplo: posição decendial de vendas por região, apresentando vendas reais da região 01, no primeiro decêndio: 15.000 unidades (decêndio = 10 dias).

Posição Decendial de Vendas (por região)			
Região	1º Decêndio	Projeção	Objetivo	Variação
01	15.000	40.000	47.000	(17,5)

Com base em dados históricos, por exemplo, dos últimos 36 meses, projetam-se as vendas realizadas no primeiro decêndio, obtendo-se, como estimativa, para o final do mês, 40.000 unidades, que é 17,5% aquém do objetivo de vendas para o mês: 47.000 unidades. O gerente, ao receber esta informação, tem tempo hábil para tomar providências no sentido de evitar que aquela "realidade", refletida na coluna de vendas projetadas, venha a se realizar. Este tipo de informação possibilita ao gerente atuar no futuro, fazer com que o futuro se aproxime ao máximo daquilo que a empresa determinou ser.

Toda e qualquer informação produzida na empresa apresenta uma gama de características ou atributos técnicos. Pela sua importância, os principais atributos e/ou características das informações gerenciais dizem respeito a:

- custo de sua produção *versus* o benefício que ela proporciona;
- oportunidade;
- correção;
- relevância ou significado;
- comparação e tendência.

Vejamos, a seguir, sucintamente, cada atributo e/ou característica.

4.1 Custo *versus* benefício

A empresa incorre em certo custo para fornecer uma informação a um gerente. Se o benefício e/ou lucro passível de se obter com a decisão se igualar ou for inferior ao custo incorrido, não haverá por que continuar a fornecer a referida informação. Imaginemos, como exemplo, que um gerente costume tomar uma dada decisão e que essa decisão aporte um lucro, um benefício para a empresa da ordem de R$ 1.000,00. Imaginemos, também, que o custo incorrido para fornecer àquele gerente as informações necessárias seja da ordem de R$ 1.500,00. Ora, devemos impedir que este gerente tome aquela decisão, pois, cada vez que ele assim procede, causa um prejuízo, um dano à empresa na ordem de R$ 500,00. Ficou claro? Embora nem sempre seja fácil quantificar o benefício ou dimensionar o custo de uma particular tomada de decisão, o bom-senso deverá prevalecer.

4.2 Oportunidade

Toda tomada de decisão tem um "elemento de oportunidade", ou seja, terá um valor máximo se for tomada em um determinado momento, conservará algum valor durante certo tempo e, a partir de então, não terá valor algum, incidindo apenas em custo. Vejamos este gráfico:

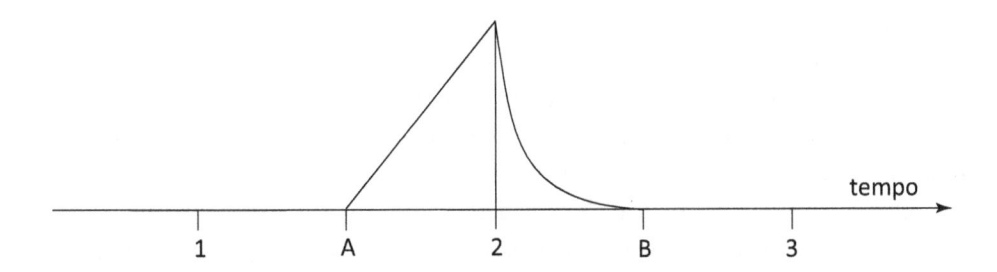

O momento da tomada de decisão é o ponto 2. O fato de termos a informação em mãos (para a tomada de decisões) começa a ter valor a partir do ponto A, atingindo o máximo valor no ponto 2 – o momento em que se deve tomar a decisão. Ter ou não as informações em mãos pode ser crucial, inclusive para a sobrevivência da empresa. A partir do ponto 2 as informações vão perdendo valor rapidamente, conservando algum valor até, por exemplo, o ponto B, além do qual nada valem. Incorremos em custo para produzi-las, mas elas para nada servem.

Olhe bem para a figura anterior. Substitua os números 1, 2 e 3 por 10, 20 e 30. Imaginemos agora que um gerente deva tomar uma decisão no dia 20 – e apenas neste dia! Que valor teria para este gerente se lhe fornecêssemos as informações necessárias àquela decisão no dia 30? Nenhum! Tais informações seriam autênticos "lixos", sem qualquer valor. E se fornecêssemos aquelas informações, para aquela decisão, no dia 10, que valor teriam? Bem, muitas pessoas podem até achar que seria ótimo; afinal, os gerentes teriam mais tempo para pensar e decidir com segurança. Não! De modo algum; tais informações são tão "lixo" como aquelas preparadas para o dia 30. Que decisão o gerente poderá tomar no dia 10?

Nenhuma (a hipótese é que apenas poderia decidir no dia 20, lembra-se?). A única coisa que ele poderia fazer seria engavetar as informações até que chegasse o dia 20. Neste dia, ele teria uma triste surpresa: informação gerencial e peixe fresco têm muito em comum, ambos se deterioram rapidamente com o tempo. Aquelas informações, com certeza, não mais atenderiam às suas necessidades, e não representariam mais a realidade. Claro?

4.3 Correção *versus* exatidão

Os conceitos de "correção" e de "exatidão" normalmente são confundidos. Uma informação gerencial quase nunca precisa ser exata, basta-lhe ser correta e estar disponível no momento necessário. Ela refletirá, então, em certa medida (grau de correção) a realidade. Por exemplo:

Um gerente de marketing diz: "Estamos alcançando, com o produto Tomix, uma penetração de cerca de 20% no mercado de Alta Sorocabana".

A informação "exata" mostra 100% da realidade. É contábil e, por refletir a exata verdade de um momento, sempre será ultrapassada no momento seguinte.

Como exemplo, temos um gerente informando: "A penetração do produto Tomix, no mercado de Alta Sorocabana, no mês passado foi de 19,01%".

Quase sempre a informação "exata" demora muito mais para ser produzida do que a "correta", posto que esta última se baseia mais em amostragens, medições, projeções e tendências.

4.4 Relevância ou significado

Nem todas as informações apresentam a mesma importância para uma determinada tomada de decisão. Umas são mais importantes ou mais relevantes do que outras. Logo, relevância é o grau de importância que uma informação assume diante de uma tomada de decisão.

Raramente acontecerá de um gerente dispor de 100% de informações para tomar uma determinada decisão, ou de contar com apenas uma. O normal é ele se apoiar em algumas informações aceitando uma determinada margem de risco.

Assim, o êxito do gerente será tanto maior quanto menos ele errar em suas tomadas de decisões.

Tomemos um exemplo gráfico: suponhamos que exista uma decisão a ser tomada, para a qual o gerente deva se apoiar em três informações A, B e C, cada qual com a seguinte relevância:

INFORMAÇÃO	RELEVÂNCIA
A	15,0
B	30,0
C	40,0
—	15,0

Vemos que as informações mais relevantes são C e B, respectivamente, e sem elas o gerente não tomará qualquer decisão. Vemos, também, que a margem de risco (falta de informações) é de 15%.

Deste modo, quando formos criar o sistema de informações para este gerente, deveremos dar ênfase à produção da informação C. Isto porque, se por qualquer motivo (exemplo: quebra de equipamentos, ausência de funcionários etc.) não pudéssemos lhe oferecer a informação A, sua margem de risco seria de 30% (adicionamos os 15% de A) e, com 30% de margem de risco, o gerente decide. Mas, se por quaisquer motivos não pudéssemos lhe proporcionar a informação C, a margem de risco do gerente passaria para 55% (adicionamos, agora, os 40% de C) e, com esta margem, praticamente nenhum gerente tem condições de decidir. É desastre na certa! Ficou claro?

4.5 Comparação e tendência

As informações gerenciais devem poder ser comparadas, ou seja, deve-se poder mostrar o desempenho real e o que era esperado, o orçado e a respectiva variação. Sempre que possível, deve-se indicar a tendência do fato representado. A cifra absoluta e isolada de um determinado mês quase nunca dá uma ideia exata sobre se o resultado é ou não satisfatório.

Suponhamos uma informação sobre vendas, em quantidade e valor, por linha de produtos. Assim:

Linha	Quantidade	Valor
01	458.700	20.718.416,00
02	128.447	12.435.716,00

Que ação gerencial poderá ser tomada com informações deste tipo? Praticamente nenhuma, pois nem poderíamos redirecionar as ações da equipe de vendas, nem premiá-la. E, note bem, quase 90% das informações existentes hoje nas empresas (apesar da informatização ou por causa dela?) assumem esta forma, praticamente não tendo qualquer valia para fins de tomada de decisões.

Que aconteceria, então, se melhorássemos esta informação, reunindo dados comparativos, por exemplo (agora em milhares)?

Linha	Resultados Obtidos		Objetivos de Vendas		Variação
	Quantidade	Valor	Quantidade	Valor	
01	458,7	20.718,42	597,6	32.300,00	−30,3
02	128,4	12.435,72	93,5	8.624,00	+37,3

Agora sim! O gerente pode observar que a linha 01 deixou muito a desejar. Irá procurar saber qual foi a causa de tão grande desvio negativo e tomará as providências necessárias para corrigir o desvio verificado: investindo em promoção, reorientando o pessoal etc. Já quanto à linha 02, suas providências deveriam ser no sentido de elogiar, premiar, reconhecer o excelente trabalho feito pela força de vendas, suplantando – em muito – os objetivos fixados.

5. Importância das informações no processo de tomada de decisões

Torna-se necessário recordar que "gerente" é a pessoa a quem pagamos para que TOME DECISÕES, se possível acertadas. Quer dizer, o gerente deverá decidir, mesmo com a possibilidade de errar. Sua função é esta!

E, como vimos, tomar decisões implica escolher entre várias alternativas. Portanto, correr riscos é inerente às funções gerenciais, e maiores serão as margens de risco que o gerente corre, quanto mais alto ele estiver na estrutura hierárquica da empresa!

Outro ponto importante a levar em conta é o que chamamos "ciclo das atividades empresariais". De um modo bastante resumido, as atividades empresariais passam pelo seguinte ciclo:

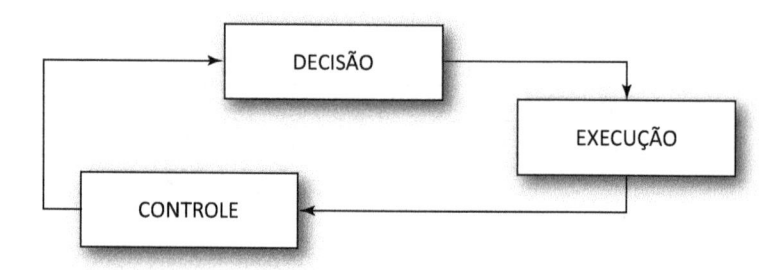

```
        ┌──────────┐
    ┌──▶│ DECISÃO  │──┐
    │   └──────────┘  │
    │                 ▼
    │            ┌──────────┐
    │            │ EXECUÇÃO │
    │            └──────────┘
    │                 │
    │   ┌──────────┐  │
    └───│ CONTROLE │◀─┘
        └──────────┘
```

Funções estas que apenas podem ser adequadamente cumpridas SE houver coordenação. Além disso, existem áreas, em qualquer empresa, que se orientam basicamente para a execução; por exemplo, compras, produção, vendas etc., enquanto outras áreas chamam a si o comando das ações, que é o caso de planejamento e controle. Assim, entendemos como "sistemas gerenciais de informações aqueles sistemas que permitem adequado planejamento, organização, realização, coordenação e controle do ciclo gerencial".

Uma decisão nada mais é do que uma escolha entre alternativas, obedecendo a critérios previamente estabelecidos. Essas alternativas poderão ser os meios a adotar para atingir determinados objetivos, os programas ou as políticas – em uma atividade de planejamento, ou os recursos, estrutura e procedimentos – em uma atividade organizacional.

A tomada de decisões também envolve um ciclo, e é fundamental a existência de informações apropriadas a cada uma das fases do ciclo. Apresentamos, abaixo, o ciclo de tomada de decisões:

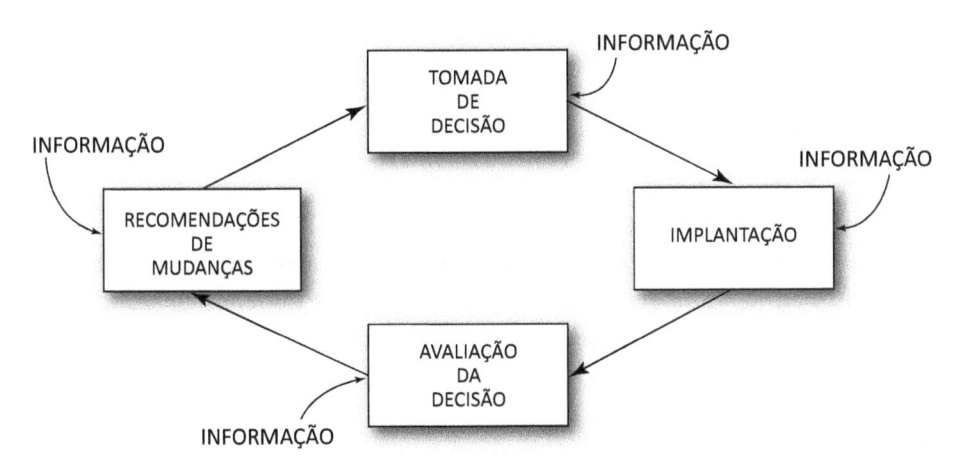

```
                            INFORMAÇÃO
                ┌──────────┐↙
              ↗ │ TOMADA   │
            ↗   │   DE     │
INFORMAÇÃO↘     │ DECISÃO  │
          ↘     └──────────┘
        ┌──────────────┐         ↘ INFORMAÇÃO
        │ RECOMENDAÇÕES│           ┌──────────────┐
        │      DE      │           │ IMPLANTAÇÃO  │
        │   MUDANÇAS   │           └──────────────┘
        └──────────────┘         ↙
            ↖          ┌──────────────┐
              ↖        │  AVALIAÇÃO   │
                ↖      │      DA      │↙
                  ↖    │   DECISÃO    │
                       └──────────────┘
              INFORMAÇÃO
```

Muitas vezes pode ser interessante ou mesmo necessário a utilização de modelos para a tomada de decisão. Os modelos nos permitem simular o que poderia ocorrer SE determinadas variáveis viessem a acontecer.

Como vimos, o controle nada mais é do que a contínua comparação entre os resultados obtidos e aqueles que eram esperados, induzindo que, se necessário, se proceda à correção de desvios porventura ocorridos.

É indiscutível a importância das informações em cada uma das fases do processo de tomadas de decisões. O fato de se poder contar com informações adequadas e oportunas é de importância capital para o sucesso da empresa e, em consequência, do gerente.

Todo e qualquer sistema é constituído por dois grandes conjuntos de informações: as operativas e as gerenciais. Enquanto as informações operativas praticamente independem das pessoas (exemplo, temos de emitir uma Nota Fiscal, quando de uma venda, qualquer que seja o chefe do faturamento), as gerenciais são muito influenciadas pelas pessoas que ocupam estas posições. Isto porque algo poderá ser muito relevante para a pessoa A e não terá necessariamente a mesma importância se o responsável pela área for a pessoa B.

Os sistemas de informações gerenciais são, portanto, muito pessoais, enquanto os operativos não. Quando formos desenvolver ou adquirir um sistema, em qualquer empresa, há que termos cuidados especiais para cada um destes níveis, principalmente o gerencial, procurando obter a participação de todas as pessoas-chave no projeto, no desenvolvimento e na implantação de cada sistema. Apenas a adequada participação poderá garantir o sucesso do sistema!

Avalie seu aproveitamento

Concluímos, assim, a divulgação da teoria básica sobre sistemas de informações. É hora, cremos nós, de parar um pouco nossa leitura e, com toda atenção, procurar responder ao questionário a seguir. Lembre-se de que:

- ele é uma ferramenta de auxílio, na divulgação e aprendizagem dos temas básicos deste material;
- você responderá, livremente, mas, temos certeza, não consultará as respostas do mesmo – apresentadas ao final desta obra–, antes de concluir seu trabalho.

Bom aproveitamento!

Questionário de reforço nº 2

1. Um conceito válido para "sistema" é:

   a) um todo organizado.
   b) um conjunto de funções logicamente estruturado para um dado fim.
   c) ambas as anteriores.

2. Subsistema é:

   a) uma parte de qualquer objeto.
   b) uma parte de um sistema.
   c) ambas as anteriores.

3. Parâmetros e alcances são os pontos que delimitam o campo de trabalho de um dado sistema. Ligue os correspondentes:

   a) alcances.
   b) parâmetros.
   c) limites do sistema.
   d) funções cumpridas pelo sistema.

4. Um "sistema" é aberto em "subsistemas", quando do trabalho de análise e/ou desenvolvimento, motivado principalmente por:

a) urgência do trabalho.
b) custo-benefício.
c) manejo e controle do trabalho.
d) todas corretas.
e) somente *b* e *c* são corretas.

5. Duas modalidades de informações gerenciais existem: as que emanam da gerência (diretrizes, metas, normas, instruções etc.) e as que chegam até a gerência. Para nosso estudo, "informação gerencial" é aquela que chega até um gerente:

a) dentro de uma dada frequência.
b) atendendo às qualificações (atributos) básicas.
c) informando sobre algo de sua alçada e permitindo-lhe a tomada de uma decisão.
d) todas.
e) somente *a* e *c* são corretas.

6. Dentre os atributos básicos de uma informação gerencial, temos:

a) relação custo-benefício.
b) relevância.
c) detalhe do assunto.
d) nenhuma válida.

7. A afirmativa "A importância de uma informação gerencial está diretamente relacionada com a época em que esta informação esteja disponível" refere-se ao atributo:

a) custo-benefício.
b) oportunidade.
c) correção.
d) relevância.
e) comparação e tendência.

8. O que você entendeu por "relevância" quando ligada à informação gerencial? (máximo 5 linhas)

_____
_____
_____
_____

TRATAMENTO, ARQUIVAMENTO E RECUPERAÇÃO DE INFORMAÇÕES

CAPÍTULO 4

1. Objetivos do capítulo

Pretendemos que, ao final deste capítulo, você esteja capacitado(a) a:

- discernir o que sejam informações internas e quais as duas modalidades básicas de informações externas;
- discorrer sobre as várias modalidades de troca de informações entre pessoas e/ou empresas;
- reconhecer os conceitos fundamentais da internet, das intranets, das extranets e dos principais termos utilizados para designar arquivos de dados.

2. Informações internas e externas

Uma grande quantidade de informações, necessárias ao desempenho dos vários sistemas da empresa e ao cumprimento das funções gerenciais, é produzida dentro da própria empresa. São as informações internas. Como exemplo: as posições de estoques do almoxarifado; de contas a pagar, de cobranças; as indicações de frequência de pessoal, avisos de férias vencidas; e tantas outras!

O restante das informações, necessárias ao bom desempenho das funções, dos sistemas de qualquer empresa, vem de fora da empresa, são externas, e, dentre estas temos dois tipos bem definidos:

- Aquelas que provêm das instituições públicas ou privadas com as quais a empresa mantém contatos ou realiza negócios. Por exemplo: uma nota fiscal emitida por um fornecedor que ingressa na empresa acompanhando as mercadorias compradas; um "boleto" (aviso) bancário comunicando o vencimento de um título de responsabilidade da empresa (gerado a partir de alguma compra ou contratação de serviços, por exemplo); uma guia para recolhimento de determinado imposto provinda de uma entidade pública municipal, estadual ou federal etc.

- Aquelas que a empresa busca no mercado, de modo a conhecer o cenário atual em que opera e, a partir deste conhecimento, ser capaz de desenvolver cenários futuros alternativos. Por exemplo: índices de participação dos principais fornecedores de determinado produto em determinado mercado; dados econômico-financeiros; comportamento dos consumidores; atitudes e políticas da concorrência; segmentação da comunidade (por exemplo: por idade, nível cultural, classe social etc.).

Os maiores problemas que os sistemas de informações gerenciais enfrentam dizem respeito a estruturar essas informações, arquivá-las e recuperá-las – ou seja, torná-las disponíveis em qualidade e no tempo requerido. Infelizmente, verifica-se em grande quantidade de empresas um excesso de informações que em nada facilita o trabalho gerencial.

3. Troca de informações

As empresas nada mais são do que pessoas. As pessoas é que planejam, organizam, realizam e comandam, coordenam e controlam as atividades das empresas – criadas, sempre, para atender da melhor forma possível as necessidades e expectativas das pessoas: os seus clientes.

Assim como as pessoas não podem viver sozinhas, isoladas, o mesmo ocorre com as empresas. Como mínimo, temos este ciclo:

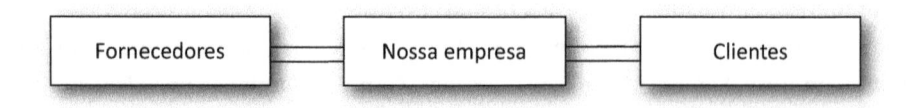

Fornecedores —— Nossa empresa —— Clientes

As empresas não vivem/sobrevivem isoladas, necessitam umas das outras, ora atuando como fornecedores, ora como clientes.

Assim, como exemplo, quando efetuamos uma compra, emitimos um "pedido" (uma autorização de fornecimento), documento este que deve chegar até nosso fornecedor (aquele que foi selecionado para nos atender, mediante uma pesquisa de preços, qualidade e condições de pagamento), para que ele possa providenciar o faturamento e a entrega (a nós) das mercadorias que dele compramos. Ainda hoje, principalmente nas empresas de menor porte e/ou nas cidades menores, esta troca de documentos se faz envolvendo o papel, fisicamente falando. O pedido, em sua forma impressa, sai da empresa compradora e ingressa na empresa fornecedora.

Contudo, nas médias e grandes empresas, e praticamente em todas as cidades maiores e as capitais do nosso país e do mundo, esta troca de documentos já é feita, na maioria dos casos, sem o uso do papel, do formulário, do documento tradicional. Para isto, graças à informatização, o computador da empresa adquirente "emite" o pedido, obtém sua "aprovação" interna, magneticamente, e o coloca no computador da empresa fornecedora. Bem, aqui já nos compensa entrar no âmbito das trocas eletrônicas de informações, objeto do próximo item.

4. Trocas eletrônicas de informações

Ao final deste trabalho, tomamos o cuidado de reunir um pequeno glossário de termos técnicos para, em caso de qualquer dúvida de sua parte ou, mesmo, se desejar melhores informações, você possa ter, aqui mesmo, uma forma de obtê-las. Mas, agora, convém retornar ao ponto em que estávamos: como a empresa compradora ingressa, eletronicamente, com os seus pedidos no computador de seus fornecedores? Bem, ela poderá fazê-lo por três modos:

1. Utilizando uma prestadora de serviços de EDI (*electronic data interchange*), troca eletrônica de dados. No Brasil, dentre outras, a própria IBM presta este tipo de serviço;
2. Utilizando os recursos de *e-mail*, proporcionados pela Internet;
3. Empregando uma rede interna – Extranet.

Vejamos cada uma destas modalidades.

Utilizando uma prestadora de serviços EDI

A empresa de EDI opera como se fosse um departamento de correios: mantém para cada empresa que contrate seus serviços, nos seus recursos de armazenagem de dados, como se fosse uma "caixa postal" eletrônica, e os computadores das empresas que querem comprar/vender operam como se fossem terminais, conectados àquele computador. Assim:

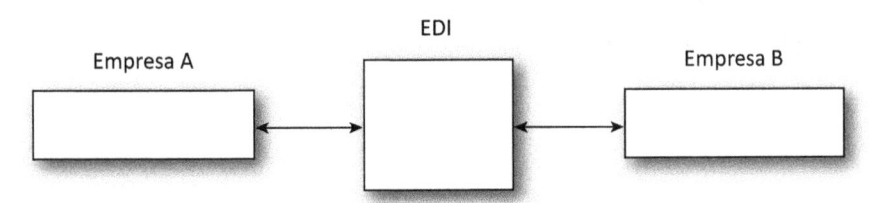

Claro, aqui mostramos apenas duas empresas, mas, ao mesmo tempo, a fornecedora de serviços EDI atende a centenas de empresas, tanto querendo vender como comprar. A empresa compradora manda seu pedido para a "caixa postal" da empresa fornecedora. Ela, em qualquer momento, acessa esta caixa postal, "retira" o pedido e executa os procedimentos para separar a mercadoria, emitir notas fiscais, proceder à entrega etc. O mesmo serviço é, posteriormente, utilizado para cobrança, remetendo a fornecedora a duplicata para a caixa postal da empresa que adquiriu seus produtos; esta a retira e procede ao trâmite necessário ao pagamento da compra que realizou.

Neste caso, que recursos básicos são necessários? São eles:

- um ou mais computadores na empresa;
- linhas telefônicas;
- modems (equipamentos moduladores/demoduladores) que recebem do computador as mensagens em sinais binários e os convertem em analógicos (exemplo: ondas sonoras) que percorrem os cabos telefônicos, desde a empresa até a prestadora de serviços EDI. Ali, novos modems efetuam trabalho inverso: transformam as ondas em sinais binários, possibilitando sua leitura e tratamento por parte do computador (neste caso, de médio/grande porte), e "arquivados" nas respectivas caixas eletrônicas.

Utilizando recursos de e-mail, proporcionados pela Internet

Comecemos por deixar claro que "e-mail" significa "correio eletrônico". Logo, a operação é bastante semelhante à anterior, diferenciado-se pelo fato de que não existe a empresa prestadora de serviços de EDI. No lugar dela operam as empresas que proporcionam acesso à Internet (rede mundial de transferência de informações), normalmente chamadas de "provedoras" de acesso. No Brasil, na atualidade, existem inúmeras empresas que proporcionam tais serviços, seguramente várias centenas, ou até milhares delas, distribuídas por todos os Estados e Regiões do País.

Voltemos àquele nosso exemplo, da aquisição de mercadorias. Agora, a empresa A deve ter um contrato com uma empresa provedora de acesso – digamos que sua provedora seja a "Casa Amarela" (nome fictício) – por sua vez, a empresa fornecedora pode ter a mesma provedora ou outra qualquer – digamos que sua provedora seja a "Casa Azul" (também fictício).

O esquema sintético, agora, será:

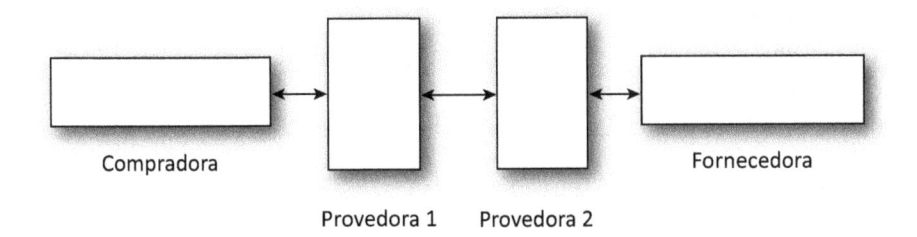

```
┌──────────┐     ┌──┐     ┌──┐     ┌──────────┐
│          │◄───►│  │◄───►│  │◄───►│          │
│Compradora│     │  │     │  │     │Fornecedora│
└──────────┘     └──┘     └──┘     └──────────┘
                Provedora 1  Provedora 2
```

A empresa compradora acessa sua provedora (Casa Amarela) e manda o pedido, via e-mail. Esta o recebe, "vê" o endereço da provedora do fornecedor (Casa Azul) e o encaminha àquela provedora, que o colocará numa "caixa postal" magnética, até que a fornecedora o acesse, transferindo-o para os seus computadores.

Atenção: é possível usar o recurso que permite à provedora, sempre que tenha uma mensagem para a fornecedora, enviar-lhe um sinal magnético, avisando que há mensagem em sua caixa.

Por outro lado, a notificação de cobrança, pelo fornecimento, percorrerá caminho inverso, mas segundo os mesmos princípios.

Que recursos computacionais serão necessários? São eles:

- um ou mais computadores na empresa;
- linhas telefônicas;
- modems (convém registrar que os modems podem se constituir de equipamentos isolados, fora dos computadores, ou estar embutidos dentro deles. No caso de microcomputadores, eles normalmente são embutidos, na forma de placas denominadas "fax-modem", possibilitando o envio e recebimento de fax e/ou a conexão com as provedoras de acesso).

UMA PROVEDORA DE ACESSO

A grande vantagem de operar via Internet é que quaisquer das empresas (compradoras, provedoras de acesso, fornecedoras etc.) poderão estar em qualquer lugar do mundo, e o sistema opera 24 horas, normalmente a custos bem mais interessantes.

E, muita atenção, qualquer um de nós, dispondo de recursos computacionais (exemplo: um microcomputador) pode ter um contrato com uma provedora de acesso e, a partir daí, conectar-se com qualquer pessoa ou empresa, em qualquer parte do planeta!

A propósito, o meu endereço eletrônico é:

cassarro@osite.com.br, endereço que você poderá utilizar a qualquer momento para entrar em contato comigo, dando-me seu parecer sobre esta obra, sugerindo, criticando, ou mesmo para falar de nossos "hobbies" (passatempos) etc. No caso, "cassarro" é o nome da minha caixa postal eletrônica. O @ (fala-se: arroba) separa o nome da minha caixa postal do nome da minha provedora de acesso, que é o "osite"; a palavra "com" indica que a provedora é uma empresa comercial, e o "br" mostra que ela está no Brasil. Os pontos são obrigatórios para separar as palavras.

Por falar em Internet, nunca será demais registrar que, já agora e mais ainda a cada ano que passar, ela se converte em uma verdadeira "rodovia" de informações, quer com foco comercial (comprar/vender), quer como cultura, divertimento, passatempo etc.

A Internet converte-se, a cada dia, em um manancial de informações que podem e devem alimentar os sistemas de informações das empresas, como as relativas aos clientes, aos fornecedores, à concorrência, à comunidade onde a empresa opera, a hábitos e costumes, enfim, sobre tudo o que se possa pensar, a ponto de podermos afirmar que o que não falta hoje em dia são informações. Falta, isto sim, capacidade e habilidade para separar o joio do trigo, ou seja, definir quais sejam as informações que realmente têm interesse, formatá-las e colocá-las à disposição dos nossos usuários – cuidando, principalmente, de habilitá-los a delas fazerem adequado uso!

É interessante esclarecer o que seja uma "Intranet": é uma rede interna de informações, uma modalidade de trabalho mediante a qual, utilizando os mesmos "softwares", os mesmos recursos de informática empregados para uso da Internet, a empresa disponibiliza suas informações para vários usuários, dentro da própria empresa ou mesmo entre ela e seus principais fornecedores e/ou clientes.

Atente para este fato! Infelizmente, ainda hoje, muitos gerentes se sentem mais poderosos à medida que: ocupem uma sala maior que as salas dos seus funcionários; disponham de uma mesa de maior tamanho; utilizem uma cadeira mais alta; tenham uma quantidade maior de pessoas a si diretamente subordinadas e/ou disponham de uma quantidade maior de informações. Isto se constitui em verdadeiro absurdo, mas é a pura realidade, não só em nosso país como no restante do mundo.

É absurdo porque, a nosso juízo, a importância de um dado gerente deveria ser representada pelos resultados que ele aporte à empresa para a qual esteja prestando serviços. Assim, quanto mais contribua para os dividendos dos acionistas – o lucro – maior deveria ser sua projeção e, portanto, o reconhecimento que deveria receber por parte da empresa!

Empregando uma rede "extranet"

Aqui, trabalhamos exatamente como na modalidade "e-mail", como estudamos quando falamos sobre a Internet. Não existe mais a figura das provedoras de acesso. O que ocorre é que a própria empresa disponibiliza meios de se ligar diretamente com as

outras empresas com as quais deseja estreitar seu processo de relacionamento técnico-
-comercial – seus principais fornecedores e clientes – e o faz utilizando sua própria
rede de comunicação. Deste modo, os computadores existentes nas demais empresas
operam como se fossem terminais inteligentes da nossa empresa. É o que acontece,
no Brasil e no exterior, com a maioria das montadoras de veículos, que assim se ligam
com suas revendas autorizadas (seus clientes) e com seus principais fornecedores.

5. Arquivamento e recuperação de informações

De início, precisamos recordar que "dados" são informações necessárias ao processamento de um ou de vários sistemas. Para melhor clareza, registramos que podemos
representar qualquer sistema, sem exceções, por quatro retângulos, a saber:

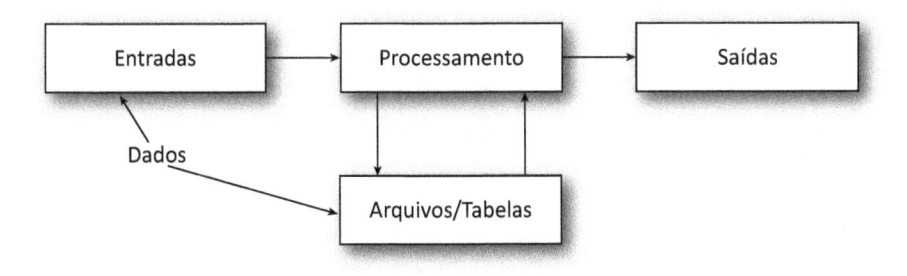

```
  Entradas  →  Processamento  →  Saídas
                     ↑
     Dados           |
         ↘   Arquivos/Tabelas
```

Um sistema de informações é composto por um conjunto de dados que entram
no sistema (entradas) e outros mais mantidos em arquivos e/ou tabelas e sobre os
quais aplica-se uma rotina de trabalho, um processamento, de modo a obtermos informações de saída (impressas ou não).

Tecnicamente, damos o nome de "dados" às informações que entram no sistema
(provindas das entradas e/ou de arquivos/tabelas). Daí o nome: processamento de
dados (e, atenção, esta nomenclatura é técnica, sejam sistemas manuais ou computacionais, por mais sofisticadas que sejam as tecnologias empregadas!). Jamais deno-
mina-se "dados" o resultado do processamento. "Dados" de saída é uma heresia técnica. Aqui usamos diversos nomes, tais como: listagens, relatórios, gráficos, mapas,
demonstrativos, telas etc.

Costumam-se utilizar dois nomes básicos para os dados mantidos em arquivo:
arquivo e cadastro (em inglês: *file* e *mainfile*).

A diferença básica é que o arquivo contém dados produzidos pelas operações
básicas do sistema, as transações do sistema. Por exemplo: os dados de cada uma
das entradas, das saídas e das transferências de estoque num sistema de materiais
que também recebem o nome de arquivo de transações. Já os cadastros contêm os

dados mais ou menos fixos de cada sistema. Por exemplo: cadastro de fornecedores, cadastro de itens, ainda dentro do sistema de materiais. Aquele guardando nomes, endereços etc. de cada um dos fornecedores, e este os nomes e especificações técnicas de cada item mantido em estoque.

Com a evolução da capacidade de armazenagem, os dados constituídos tanto por arquivos como por cadastros passam a assumir a forma de "banco de dados" ("data bases"), ou mesmo, traduzindo literalmente do inglês: bases de dados, as quais nada mais são do que:

"Um conjunto de dados inter-relacionados, baseados em uma estrutura lógica previamente definida, de modo a facilitar o acesso às informações por parte de um ou vários sistemas, simultaneamente."

Outro conceito também válido para banco de dados (ou base de dados) e mais simples poderia ser:

"Uma reunião, um agrupamento de dados, organizado de modo lógico tal que permita atender às necessidades (de informações) operacionais e gerenciais de uma empresa."

Sinteticamente, os bancos de dados podem ser organizados (e "acessados") de uma dentre duas formas: hierárquica e relacionalmente. Os bancos de dados hierárquicos mantêm uma estrutura de dados, no esquema de um organograma de empresa, de uma hierarquia, e a busca de dados, a pesquisa, quase sempre apenas poderá ocorrer descendo (de cima para baixo) ou subindo (de baixo para cima) a hierarquia. Teoricamente, consegue-se armazenar mais dados neste tipo físico de banco de dados, mas os tempos de acesso às informações são consideravelmente mais demorados.

Os bancos de dados relacionais possibilitam que se "navegue" (se vá) de um para outro com maior facilidade, permitindo acessos laterais e mais rápidos. Todavia, já não otimizam tanto o uso dos meios magnéticos de armazenamento.

Como já dissemos, a razão de ser de uma empresa é o adequado atendimento das necessidades e expectativas de seus clientes. Daí que, para fins de marketing, é fundamental que a empresa disponha de bases de dados que contenham todas as informações principais de cada um de seus clientes. Por exemplo: nome, endereço, nome do diretor A, B, C, datas de aniversário, data de fundação da empresa, tipos de mercadorias compradas, quantidades médias, frequência etc. No caso de clientes pessoas físicas, dados da esposa, "hobbies" etc. – a tudo isso se chama "data base marketing", ou seja, banco de dados para atender às finalidades de marketing da empresa e de seus produtos.

Mas a tecnologia continua avançando e os meios de armazenagem de dados crescendo de modo geométrico. Hoje, a maioria dos microcomputadores dispõe de capacidade de armazenamento de dados (discos rígidos, "winchesters") que suplantam, de longe, as capacidades de armazenagem dos computadores de grande porte de, digamos, 10 anos atrás! Com isso, fala-se hoje na construção e manutenção de "armazéns de dados" (data warehouse), mas não devemos esquecer que, qualquer que seja a forma de armazenagem, a tecnologia utilizada, os dados arquivados, ou são relativos às transações de um dado sistema (arquivo) ou aos dados básicos, mais ou menos permanentes, necessários à adequada operação daquele sistema (os cadastros).

AVALIE SEU APROVEITAMENTO

Neste ponto não incluímos mais um questionário. Não, não é o caso. Para que você possa obter melhores resultados, sugerimos-lhe que:

- Interrompa, agora, o seu estudo e, se for possível, vá dar uma ligeira caminhada. Nada melhor do que arejar a mente!
- A seguir, leia novamente este capítulo e dê uma boa olhada no Suplemento Técnico, ao final desta obra. Procure familiarizar-se com os termos técnicos (jargão) utilizados e leia, com cuidado, as Frases para Pensar. Escolha uma ou duas, pondere, analise, reflita... e siga em frente em seu estudo.

Estamos convencidos de que, agindo assim, seu sucesso aumentará cada vez mais. Mais uma vez: siga em frente!

SISTEMAS DE INFORMAÇÕES GERENCIAIS

CAPÍTULO 5

1. Objetivos do capítulo

Este capítulo foi desenvolvido de modo a:

- reforçar os conhecimentos adquiridos nos capítulos anteriores;
- observar que as funções de um determinado sistema deverão ser realizadas, quer usemos o computador, quer não, como meio de execução de algumas ou todas as funções de um dado sistema. Salientamos que o computador é apenas um meio, uma ferramenta de trabalho (embora importantíssima!). Cabe a cada usuário – aquele que se utiliza dos recursos computacionais – indicar o que quer que seja feito, ou seja, estabelecer as prioridades de trabalho. Fica sob a responsabilidade do técnico em informática desenvolver o como, empregando, da melhor maneira possível, os recursos computacionais de que a empresa dispõe.

2. O caso prático

A seguir, apresentamos o relato da experiência que tivemos num treinamento, no qual agrupamos os treinandos em equipes de no máximo seis pessoas e indicamos uma área da empresa para cada equipe. Por exemplo: gerência de suprimentos, gerência industrial, gerência financeira etc. Cada equipe, então, foi instruída sobre o que deveria ser executado.

Assim:

1. elaborar o organograma de sua área;
2. indicar as principais atribuições (funções) de cada área a si subordinada;

3. que informações você (a equipe), atuando como se fosse o titular da área, necessitaria para administrá-la de modo adequado. Indique:
   - informação;
   - sobre o quê;
   - com qual nível de detalhe; e
   - com que frequência você necessitaria receber.

Para facilidade de compreensão por parte das equipes em treinamento, ainda indicamos que, por exemplo, o gerente de recursos humanos poderia solicitar, dentre outras, as seguintes informações:

- qual informação? – custo e quantidade de participantes.
- sobre o quê? – treinamentos realizados.
- com que detalhe? – por setor.
- com qual frequência? – mensal.

Solicitamos também à equipe que indicasse um de seus componentes para fazer a apresentação pública do quanto viesse a ser desenvolvido em equipe. Convém salientar que o tempo que demos para a execução de todo o caso prático foi e é bastante limitado: no máximo 2,5 horas! Apresentamos, agora, uma síntese dos excelentes resultados obtidos pelas equipes, omitindo, por ética, o nome da empresa-cliente.

Registramos que o trabalho aqui apresentado é **real**, representando uma organização industrial e comercial com sede em São Paulo, e é o resultado preparado por três equipes:

a) uma representando o gerente administrativo;
b) outra o financeiro; e
c) a terceira o comercial.

Ficou faltando, para completar a empresa como um todo, a gerência industrial, que não foi possível desenvolver, dada a quantidade de pessoas (16) e o tempo total do treinamento (20 horas). Mas, estamos certos, é o suficiente para que você obtenha uma melhor visão sistêmica. Vamos aos resultados.

2.1 Organograma

As equipes unificaram o organograma de cada gerência, posicionando-o sob a presidência. O resultado foi o que segue:

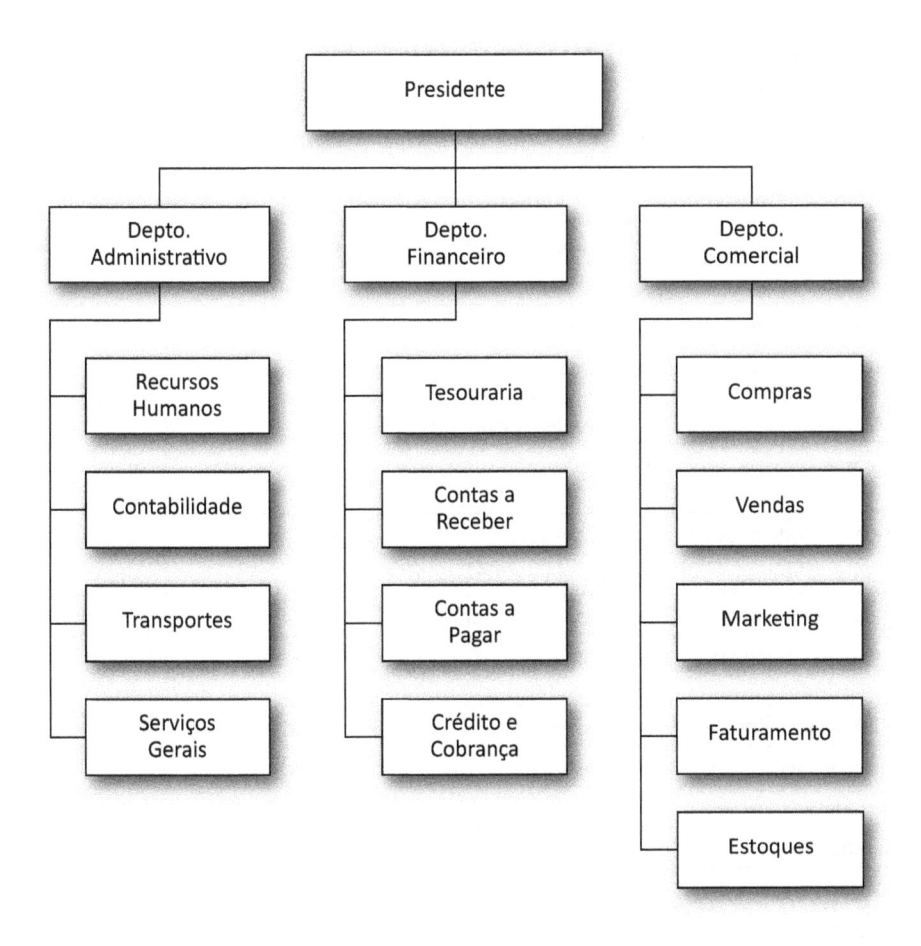

```
                          ┌─────────────┐
                          │ Presidente  │
                          └─────────────┘
         ┌───────────────────┼───────────────────┐
   ┌───────────┐       ┌───────────┐       ┌───────────┐
   │   Depto.  │       │   Depto.  │       │   Depto.  │
   │Administrativo│    │ Financeiro│       │ Comercial │
   └───────────┘       └───────────┘       └───────────┘
        │                   │                   │
   ┌──────────┐       ┌──────────┐        ┌──────────┐
   │ Recursos │       │Tesouraria│        │ Compras  │
   │ Humanos  │       └──────────┘        └──────────┘
   └──────────┘
   ┌──────────┐       ┌──────────┐        ┌──────────┐
   │Contabilidade│    │ Contas a │        │  Vendas  │
   └──────────┘       │ Receber  │        └──────────┘
                      └──────────┘
   ┌──────────┐       ┌──────────┐        ┌──────────┐
   │Transportes│      │ Contas a │        │Marketing │
   └──────────┘       │  Pagar   │        └──────────┘
                      └──────────┘
   ┌──────────┐       ┌──────────┐        ┌──────────┐
   │ Serviços │       │Crédito e │        │Faturamento│
   │ Gerais   │       │Cobrança  │        └──────────┘
   └──────────┘       └──────────┘
                                          ┌──────────┐
                                          │ Estoques │
                                          └──────────┘
```

2.2 Principais atribuições (funções) de cada área

As equipes acharam por bem fazer uma apresentação global unificando os resultados desta fase (2.2) com os da fase (2.3).

2.3 Informações de que você necessita

O trabalho demonstrou o seguinte:

Gerente administrativo é o responsável pelos setores de recursos humanos, contabilidade, transportes e serviços gerais. Observamos que, em algumas empresas, a contabilidade está subordinada à gerência financeira, ou ainda à controladoria, juntamente com as áreas de orçamento e custos.

Recursos humanos é o setor responsável pelas atividades de recrutamento e seleção; treinamento e desenvolvimento; assistência social; registro; cálculo da folha de pagamento; segurança e higiene do trabalho, e avaliação do pessoal da empresa; e fornece à gerência administrativa as seguintes informações:

Informações	Sobre O QUÊ	Nível de detalhe	Frequência
Organograma	Quadro de funcionários	Por função	Semestral
Movimentação de pessoal	Admissão/ Demissão	Por setor	Mensal
Análise de proventos/ descontos	Remuneração, encargos e número de funcionários	Por setor	Mensal
Acidentes	Ocasionais	Por função e setor	Quando ocorrer
Rotatividade de pessoal	Número e valor	Por setor	Mensal
Pesquisa de salário	Comparativo do mercado	Por setor	Semestral
Avaliação do pessoal	Análise do desempenho	Por setor	Semestral
Custo e quantidade de participantes	Treinamento	Por setor	Mensal
Análise de incidências	Absenteísmo	Por setor	Mensal
Análise de incidências	Horas extras	Por setor	Mensal
Reincidentes	Punição	Por função e setor	Mensal
Programação	Férias	Por setor	Mensal
Avaliação de custo	Recrutamento e seleção	Por setor	Mensal
Funcionários aptos	Promoção	Por função e setor	Quando ocorrer oportunidade

(Nota: absenteísmo = faltas no trabalho.)

Contabilidade é o setor responsável pelos registros dos atos e fatos contábeis da empresa e fornece à gerência administrativa as seguintes informações:

Informações	Sobre O QUÊ	Nível de detalhe	Frequência
Análises e índices	Econômica e financeira	Global da empresa	Mensal
Balancete de verificação	Operações	Global da empresa	Mensal
Demonstração de resultados	Operações	Global da empresa	Mensal
Apuração de custos	Operações	Por setor	Mensal
Imobilizado técnico	Adições e baixas	Por setor	Mensal
Origem e aplicações de recursos	Operações	Global da empresa	Anual
Balanço patrimonial/ Resultados	Operações	Global da empresa	Anual
Orçamento operacional	Previsões	Global e por atividade	Anual
Análise do desempenho	Previsto x Real	Global e por atividade	Mensal
Danos do patrimônio	Ocorrência	Por bem imobilizado	Ocasional
Parecer da auditoria interna	Controles administrativos	Por atividade	Ocasional

Transportes é o setor responsável pelas operações de transporte da empresa, ou seja, coleta de matéria-prima, distribuição de mercadorias e produtos industrializados etc., e fornece à gerência administrativa as seguintes informações:

Informações	Sobre O QUÊ	Nível de detalhe	Frequência
Análise de Custo	Manutenção, depreciação, seguro pessoal, comercial etc.	Por veículo	Mensal
Consumo km/litro	Custo por km	Por veículo	Mensal
Veículos parados	Ociosidade	Por veículo	Mensal
Resultado dos serviços de transportes	Receitas e custos	Por veículo	Mensal

Serviços gerais é o setor responsável pelas atividades de comunicação, segurança, limpeza e recepção da empresa, e fornece à gerência administrativa as seguintes informações:

Informações	Sobre O QUÊ	Nível de detalhe	Frequência
Atendimento da recepção	Reclamações	Por recepção	Mensal
Comunicação e segurança	Ocorrências	Por setor	Semanal
Análise das despesas	Serviços gerais	Por setor	Mensal
Análise de custo	Comunicações	Por setor	Mensal

Gerente financeiro é o responsável pelos setores da Tesouraria, Contas a Receber, Contas a Pagar e Crédito e Cobrança.

Tesouraria é o setor responsável pelos pagamentos e recebimentos da empresa e fornece à gerência financeira as seguintes informações:

Informações	Sobre O QUÊ	Nível de detalhe	Frequência
Disponível	Caixas e bancos	Por caixa e banco	Diária
Posições e taxas	Aplicações financeiras	Por banco	Diária
Posições e taxas	Aplicações financeiras a médio prazo – CDB-RDB	Por espécie de aplicação	Quinzenal
Posições e taxas	Empréstimos	Por banco	Diária
Pesquisa para aplicação financeira	Taxas de juros de mercado	Por banco	Diária

Contas a Receber é o setor responsável pelo controle dos recebimentos visando sempre a melhor alternativa no que diz respeito a prazo, clientes etc., de acordo com as necessidades e conveniências da empresa, e fornece à gerência financeira as seguintes informações:

Informações	Sobre O QUÊ	Nível de detalhe	Frequência
Programação semanal	Valores a receber	Vencidos e a vencer por data	Semanal
Programação trimestral	Valores a receber	Vencidos e a vencer por espécie de crédito a realizar	Mensal
Posições	Valores vencidos	Por cliente	Mensal
Posição das duplicatas vencidas	Valores vencidos e saldo devedor	Por data de vencimento	Mensal
Inadimplência	Contas a receber	Execução acompanhada de montante	Após protestada

Contas a Pagar é o setor responsável pelo controle dos pagamentos, visando sempre a melhor alternativa no que diz respeito a prazo, fornecedores etc., de acordo com as necessidades e conveniências da empresa, e fornece à gerência financeira as seguintes informações:

Informações	Sobre O QUÊ	Nível de detalhe	Frequência
Programação semanal	Valores a pagar	Vencidos e a vencer por data	Semanal
Programação trimestral	Valores a pagar	Vencidos e a vencer por espécie de compromisso a pagar	Mensal
Posição das duplicatas vencidas	Valores a pagar	Por data de vencimento	Mensal
Posição dos compromissos bancários	Valores a pagar	Amortização e previsão de juros	Mensal

Crédito e Cobrança é o setor responsável pela aprovação ou rejeição do crédito dos clientes, e fornece à gerência financeira as seguintes informações:

Informações	Sobre O QUÊ	Nível de detalhe	Frequência
Solicitação de crédito	Cliente	Por cliente que superar o limite	Diária
Conta-corrente	Cliente	Por cliente	Mensal
Número e valor do crédito	Recusado, aprovado e aumentado no período	Por cliente	Mensal

Gerente comercial é o responsável pelos setores de Compras, Vendas, Marketing, Faturamento e Estoques.

Compras é o setor responsável pelo suprimento da empresa e fornece à gerência comercial as seguintes informações:

Informações	Sobre O QUÊ	Nível de detalhe	Frequência
Volume de compras	Valor das compras à vista e a prazo	Por setor	Mensal
Devolução	Rejeição pelo controle de qualidade	Por setor	Mensal
Avaliação das compras	Cotação	Principais itens	Semanal

Vendas é o setor responsável pela comercialização dos produtos e mercadorias da empresa, e fornece à gerência comercial as seguintes informações:

Informações	Sobre O QUÊ	Nível de detalhe	Frequência
Novos clientes	Número de cliente e valor	Por canal de distribuição	Mensal
Formação de preços	Aumento de acordo com o percentual estabelecido	Por grupo de produtos	Quinzenal
Vendas a terceiros	Operações	Por linha de produto	Mensal

Marketing é o setor responsável pelo incremento das vendas através da utilização dos veículos de comunicação (propaganda, promoções, publicidade, lançamento de novos produtos etc.), e fornece à gerência comercial as seguintes informações:

Informações	Sobre O QUÊ	Nível de detalhe	Frequência
Custo-Benefício	Gasto com propaganda/Aumento das vendas	Por espécie de propaganda	Mensal
Custo-Benefício	Gasto com promoções/Aumento das vendas	Por espécie promocional	Mensal
Custo	Lançamento de novos produtos	Por produto	Semanal

Faturamento é o setor responsável pelo faturamento, controle e estatísticas das vendas, e fornece à gerência comercial as seguintes informações:

Informações	Sobre O QUÊ	Nível de detalhe	Frequência
Estatísticas de vendas	Faturamento à vista e a prazo	Por produto	Mensal
Estatísticas de vendas	Devoluções, abatimento e desconto	Por produto	Mensal
Receita/Custo das vendas	Margem de contribuição	Por centro de lucro	Mensal
Estatísticas de vendas	Produtos	Itens ABC	Mensal

Estoques é o setor responsável pelo controle físico, financeiro e de armazenagem de mercadorias e materiais, e fornece à gerência comercial as seguintes informações:

Informações	Sobre O QUÊ	Nível de detalhe	Frequência
Entradas em estoque	Valores	Por centro de custo	Mensal
Saídas de estoque	Valores	Por centro de custo	Mensal
Nível de estoque	Valores	Total	Mensal
Inventário	Sobras e perdas de estoque	Principais diferenças	Mensal
Índice de rotatividade	Itens de estoque	Por setor	Mensal
Rotação dos estoques	Classificação	ABC	Mensal
Comentários sobre itens de baixa rotatividade	Itens de estoque	Por item	Mensal
Armazenamento em depósito de terceiros	Valores	Por depósito	Mensal

O **presidente** recebe informações relevantes, de maneira sucinta, sobre as posições econômicas e financeiras da empresa, para suas tomadas de decisões administrativas, econômicas e políticas, como segue:

DA GERÊNCIA ADMINISTRATIVA			
Informações	Sobre O QUÊ	Nível de detalhe	Frequência
Análise de proventos e descontos	Remuneração, encargos sociais e número de funcionários	Por setor	Mensal
Organograma	Quadro de funcionários	Por função	Semestral
Acidentes	Ocasionais	Por função e setor	Quando ocorrer
Análises e índices	Análise econômica e financeira	Global da empresa	Mensal
Balancete de verificação	Operações	Global da empresa	Mensal
Origem e aplicação de recursos	Operações	Global da empresa	Mensal
Demonstração de resultados	Operações	Global da empresa	Mensal
Balanço patrimonial/ Resultados	Operações	Global da empresa	Anual
Orçamento operacional	Previsões	Global da empresa e por atividade	Anual
Análise do desempenho	Previsto x Real	Global da empresa	Mensal
Análise de resultado do setor transporte	Manutenção, depreciação, pessoal, seguro, comb. etc.	Global da empresa	Mensal

DA GERÊNCIA FINANCEIRA			
Informações	Sobre O QUÊ	Nível de detalhe	Frequência
Fluxo de caixa	Contas a receber e a pagar	Vencidos e a vencer por espécie de compromisso e de crédito a realizar	Mensal
Conta-corrente	Clientes	Por clientes – ABC	Mensal

DA GERÊNCIA COMERCIAL			
Informações	Sobre O QUÊ	Nível de detalhe	Frequência
Volume de compras	Valor das compras à vista e a prazo	Por setor	Mensal
Estatísticas de vendas	Faturamento à vista e a prazo	Total de venda	Mensal
Receitas/Custo das vendas	Margem de contribuição	Por centro de lucro	Mensal
Índice de rotatividade	Itens de estoque	Por grupo – ABC	Mensal

3. Conclusões

Conforme já dissemos, este trabalho não abrange tudo o que cada gerente e o presidente deveriam ou poderiam receber de cada uma de suas áreas para que pudessem, mais adequadamente, gerenciá-las. Apesar disso, fatos e/ou conclusões importantes podem ser tiradas deste trabalho e, entre elas, com certeza, aquela que procuramos sempre enfatizar.

CABE AO TITULAR DE CADA ÁREA – e apenas a ele – **saber, claramente, o que necessita de informações para poder conduzir adequadamente sua área.**

Outra conclusão, muito importante, pode ser assim apresentada:

a) Os sistemas de informações operativas não variam, necessariamente, em função das pessoas envolvidas. Ou seja, num sistema de faturamento, por exemplo, sempre teremos de emitir uma nota fiscal, seja lá quem for que irá fazê-lo.

b) Já os sistemas de informações gerenciais são totalmente pessoais; logo, as informações deverão variar conforme as pessoas. Eu, como gerente financeiro da empresa A, desejo receber um conjunto de informações, conjunto este que não necessariamente será o mesmo caso fosse você o gerente financeiro. Aquilo que para mim é importante, não necessariamente o será para você. É uma questão de cultura, de escala de valores, de personalidade e, como dissemos no início, não existem duas pessoas exatamente iguais.

DESENVOLVENDO E IMPLANTANDO UM SIG

1. Objetivos do capítulo

No decorrer deste capítulo, muitos objetivos serão atingidos, a fim de que se possa:

- ter uma clara noção dos trabalhos necessários a realizar a fim de se desenvolver, implantar e utilizar um SIG (Sistema de Informações Gerenciais);
- ter consciência da importância da participação dos elementos humanos que serão envolvidos na operação do sistema, em todas as suas fases do desenvolvimento;
- poder avaliar se os sistemas existentes estão atendendo, convenientemente, às necessidades de informações dos usuários e, assim, poder sugerir melhorias.

2. A metodologia sugerida

"A chave para desenvolver um dinâmico e útil Sistema de Informação Gerencial é afastar-se um pouco dos limites clássicos dos relatórios contábeis e conceber as informações como as mesmas se relacionam com os dois elementos básicos do processo gerencial: o planejamento e o controle."

(D. Ronald Daniel)

Neste capítulo iremos expor, sinteticamente, uma metodologia. É bom lembrar que a palavra "metodologia" deriva de "método", e que uma conceituação válida para método é

"A MANEIRA COMO SE FAZ ALGUMA COISA."

Logo, não existirá um método, uma metodologia perfeita. Existirão, isto sim, métodos mais ou menos eficientes, mais ou menos adequados.

Apresentamos, a seguir, uma visão geral da metodologia que temos utilizado, com sucesso, nos trabalhos de desenvolvimento e implantação de sistemas. Cremos, e a experiência tem comprovado, que a inexistência de uma metodologia padrão causa sérios problemas às organizações, dentre os quais podemos destacar:

- empecilhos ao treinamento e formação de pessoal;
- dificuldades na manutenção dos sistemas;
- incentivo a que os elementos humanos se tornem "imprescindíveis" à empresa.

Fazia parte desta metodologia um formulário do tipo "solicitação de serviço", emitido pelas gerências das áreas usuárias ou pela própria assessoria de Organização e Informática, quando esta, baseando-se em outros casos, detectasse a necessidade de estender seu trabalho até um novo sistema, uma nova área de empresa.

Essa solicitação de serviços, se emitida pelos usuários, seria encaminhada à área de Organização e Informática, onde passaria por uma rápida avaliação da viabilidade técnica de atendimento, e onde seria elaborado o orçamento aproximado de custos previstos a incorrer, a data para início do trabalho (caso viesse a ser aprovado) e o prazo para sua execução. Se emitida pela própria área de sistemas, já contaria com esses elementos e seria, então, encaminhada ao comitê coordenador de informática.

A solicitação de serviços seria apreciada na próxima reunião do comitê coordenador e se este decidisse não atendê-la, ao menos naquela oportunidade, ela seria devolvida ao emissor, não determinando mais providência alguma da área de sistemas. Caso o comitê optasse por aprová-la, consultaria os cronogramas de trabalho da área de sistemas e determinaria uma prioridade para seu atendimento. A solicitação, com esses deferimentos, seguiria para a área de organização e informática.

2.1 O comitê coordenador de sistemas

O comitê coordenador de sistemas é peça fundamental para o êxito da implementação desta metodologia e, por extensão, para o uso adequado dos recursos de Organização e Informática. A experiência tem demonstrado que nas empresas onde existe um comitê coordenador atuante, a tendência é o uso adequado destes recursos. É importante não confundir "comitê" com "comissão". Pelo menos em nosso país, sempre que não se deseja que um assunto seja resolvido, tende-se a criar uma "comissão" – cujos resultados muito raramente se tornam conhecidos, mesmo para os membros da comissão! Outra coisa é a estruturação de "comitês" e de grupos de trabalho, para ações específicas e dotados de poucos elementos humanos. Nestes, quase sempre os resultados são altamente compensadores.

Quem deveria compor tal comitê e quantas pessoas? O comitê deveria ser composto por três até cinco pessoas, todas com real poder de decisão em áreas sob seu comando. Por exemplo: o gerente comercial, o financeiro, o industrial etc.

Comporia ainda este comitê o responsável pela área de Organização e Informática, o auditor interno (caso haja) e o responsável pela área de Controladoria, mas todos na qualidade de conselheiros, sem poder de decisão.

Quais seriam as funções, as atribuições do comitê? Basicamente cinco, a saber:

1. Determinar prioridades

Decidir o que fazer é de responsabilidade do comitê coordenador, uma vez que ele é constituído pelos gerentes das principais áreas da empresa. Apenas eles, os gerentes, poderão saber quais são os temas mais emergenciais num dado momento. Por exemplo: para uma empresa industrial e comercial, o que é mais importante fazer: um novo sistema de gestão de materiais ou um novo sistema de folha de pagamento? A teoria sempre nos indicará que será o de gestão de materiais. Mas, naquela empresa específica, o sistema de folha poderá estar com tal nível de ineficiência que coloca em perigo suas próximas emissões e, sem pagamento, os operários entram em greve etc. Logo, neste caso específico, poderá ser mais urgente, mais necessário, o sistema de folha. Quem decide isso? O homem de sistemas? Não. O comitê coordenador e, por extensão, a própria empresa.

2. Aprovar os planos

Fornecida uma relação de prioridades ao responsável pela área de Organização e Informática, este deveria desenvolver planos alternativos de como atendê-las, desde uma alternativa completa, mais cara, implicando tempo e custos maiores, até uma mais simples, a ser implementada em um tempo e custos menores. O comitê deverá analisar, discutir e aprovar uma alternativa, uma estratégia, um plano.

3. Dotar dos recursos previstos no plano

Não basta aprovar um plano para que os trabalhos sejam realizados. Torna-se necessário fornecer os recursos previstos no plano, na quantidade e qualidade requeridas e no tempo necessário.

4. Controlar o desenvolvimento dos trabalhos

Pelo menos mensalmente, graças a um relatório de posicionamento e atualização dos cronogramas de trabalho, o comitê deverá se certificar de que os trabalhos se realizem conforme previstos. É de sua responsabilidade resolver possíveis problemas internos ou externos à organização que, por sua natureza, estejam contribuindo para o atraso nos cronogramas.

5. Avaliar os resultados alcançados

Uma vez implantado um novo sistema, torna-se necessário sair a campo para verificar se os resultados previstos foram alcançados e, se não o foram, indicar o que fazer para que tal aconteça. Esta responsabilidade é do comitê, que, para isso, solicitará à auditoria interna ou a uma equipe especialmente constituída que faça os levantamentos, observações e análises necessários.

2.2 Uma visão global da metodologia

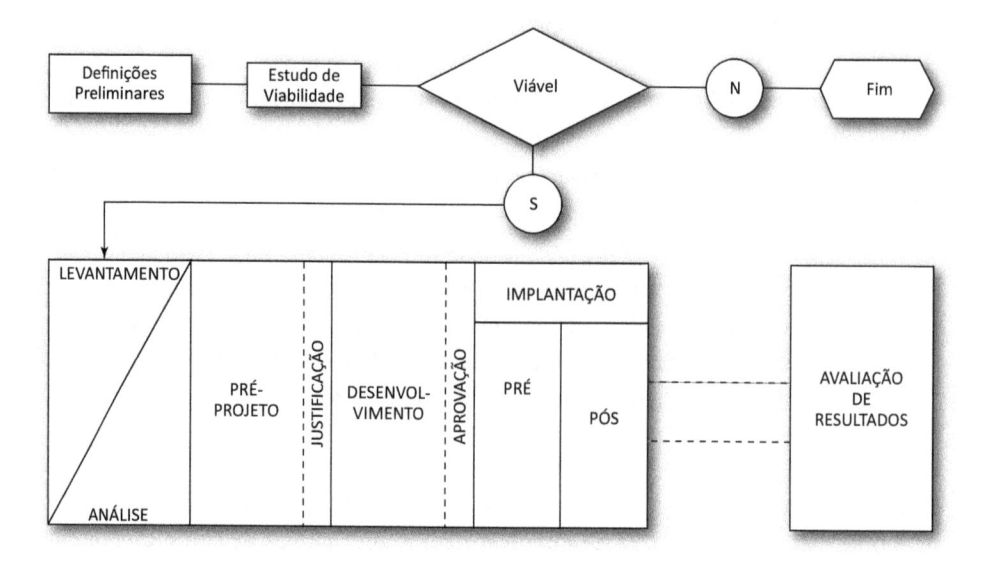

[Fluxograma: Definições Preliminares → Estudo de Viabilidade → Viável? — N → Fim; S → LEVANTAMENTO / ANÁLISE → PRÉ-PROJETO → JUSTIFICAÇÃO → DESENVOLVIMENTO → APROVAÇÃO → IMPLANTAÇÃO (PRÉ / PÓS) → AVALIAÇÃO DE RESULTADOS]

A. DEFINIÇÕES PRELIMINARES

Entende-se como definições preliminares o conjunto de atividades necessárias à determinação de itens como:

- o que se deseja seja realizado;
- a equipe que irá executar os trabalhos;
- uma primeira ideia de recursos financeiros,
- a sistemática de controle de desenvolvimento.

A) O QUÊ

Normalmente os trabalhos de organização e informática poderão ter como origem:

   a) solicitação das áreas respectivas;
   b) sugestões vindas de órgãos superiores (exemplo: diretorias);
   c) indicações originadas da própria área de organização e informática.

Qualquer que tenha sido a origem haverá necessidade de que sejam estabelecidos contatos entre Organização e Informática e as áreas diretamente envolvidas no âmbito do trabalho, principalmente com vistas a se obter uma visão primária da amplitude do trabalho, do que se espera que seja realizado e dos objetivos a atingir (benefícios a obter). Estes levantamentos deverão ser adequadamente formalizados e discutidos com os elementos de gerência e chefia envolvidos, no sentido de se obter seu comprometimento.

B) A EQUIPE

Tendo-se adequado conhecimento do que deverá ser realizado, o titular de Organização e Informática, mediante os controles de alocação de seu pessoal, definirá que elementos seus irão compor a equipe de trabalho. Especial ênfase deverá ser direcionada ao envolvimento de usuários na composição da equipe.

Uma das primeiras e principais atividades da equipe, sob a responsabilidade de seu líder, é a de preparar um primeiro planejamento de atividades e recursos necessários; planejamento este que, após aprovado pelo titular de Organização e Informática, deverá ser amplamente exposto aos níveis gerenciais das áreas que serão atingidas pelo trabalho.

C) OS RECURSOS

Os principais recursos que deverão constar do planejamento referido dizem respeito a pessoal, materiais, equipamentos, áreas físicas, tempo e outros possíveis itens. Estes recursos deverão estar claramente identificados para que se possa, ainda nesta fase, compará-los com os resultados esperados com a realização dos trabalhos, de modo que, se for o caso, se possa desistir da continuidade dos trabalhos caso a relação econômica não lhe seja favorável.

A área de Organização e Informática, conforme referimos, deverá ser, prioritariamente, um centro de resultados, e não um custo, de despesas somente. E apenas deveremos considerar como "resultados" as economias realmente obtidas, os trabalhos direcionados à otimização das decisões gerenciais, e aqueles diretamente relacionados com os planos estratégicos da organização.

D) O CONTROLE

O planejamento deverá, finalmente, indicar claramente os pontos de controle e as ocasiões em que deverão ocorrer as avaliações. Estas poderão se dar mediante reuniões entre os principais usuários e os líderes das equipes, e contar, sempre que possível, com a participação de elementos da auditoria interna. Durante estas reuniões será avaliado o andamento dos trabalhos para que se possa decidir pela adoção ou não de providências capazes de normalizá-lo, atitudes a tomar para vencer possíveis barreiras/resistências encontradas, inadequada alocação de recursos etc.

A ação de controle deverá proporcionar, a qualquer tempo e sempre que necessário, revisão de todo o trabalho, modificação ou mesmo sua descontinuidade, e obter, sempre, em qualquer caso, as necessárias formalizações das decisões tomadas.

B. LEVANTAMENTO E ANÁLISE

Sem dúvida, esta é a etapa mais importante de todo o trabalho de desenvolvimento e implementação de sistemas. A grande maioria de problemas e ineficiências apresentadas por quaisquer sistemas, quando de sua implantação e, mesmo, desenvolvimento, diz respeito a falhas de levantamento/análise do sistema atual. Vejamos os objetivos principais desta etapa:

- conhecer o sistema atual, em todos os seus detalhes, e a estrutura de recursos que ele utiliza;
- avaliar a eficiência do sistema atual, de modo a poder sugerir providências de melhoria ou sua reformulação total.

Para efetivação da etapa de Levantamento/Análise deveremos dar atenção aos procedimentos abaixo:

a) **Conscientizar-se, previamente, do que seja o sistema objeto de levantamento/análise.** Quais seriam os objetivos perseguidos por este sistema? Quais seriam seus parâmetros e alcances? Se houver documentação na empresa relativa a este sistema, ela deverá ser estudada detidamente pelo analista. Todos estes cuidados se justificam na medida em que o analista necessita obter a confiança dos entrevistados, e esta só é obtenível mediante o conhecimento, mesmo que superficial, do tema em estudo.

b) **Relacionar, com base nos parâmetros e alcances e, de posse do organograma da empresa, as diversas áreas da empresa que deverão ser levantadas por estarem com a responsabilidade do cumprimento de uma ou várias das funções do sistema.**

c) **Planejar as entrevistas a realizar, para o que deverá ser considerada a posição hierárquica do elemento a ser entrevistado de modo a se determinar que informações queremos levantar e em que grau de detalhe.**

Evidentemente, um gerente não deverá ser arguido sobre aspectos menores de sistemas, a cargo de seus subordinados. Poderá ser necessário, embora não muito frequente, a elaboração de questionários para orientação, os quais serão respondidos no decurso de cada entrevista.

Particularmente, somos favoráveis à técnica de planejamento e realização de entrevistas, principalmente por estarmos tratando com seres humanos, e nos ser de fundamental importância conhecê-los, bem como o ambiente em que executam suas funções, e os pontos positivos e/ou negativos que podem influenciar no seu desempenho.

d) **Realizar as entrevistas, durante as quais deverão ser anotadas as várias funções cumpridas por cada elemento entrevistado, o volume e frequência das informações recebidas/emitidas, com ênfase na identificação de possíveis "picos" de trabalho, colhendo modelos das informações utilizadas.**

É importante salientar a necessidade que tem o analista de, nesta fase, anotar o que realmente está ocorrendo, e não o que se pensa estar ocorrendo, ou o que se deseja que viesse a ocorrer.

É boa técnica, também, durante a fase de Levantamento/Análise, nas entrevistas, o analista não tecer considerações sobre o sistema objeto de levantamento ou pessoas envolvidas, nem sobre possíveis melhorias/mudanças a efetuar no sistema. Isto porque:

- ele não tem conhecimento pleno da situação; não tem, ainda, visão de conjunto;
- a emissão de comentários prejudica o bom relacionamento entre o pessoal de análise e os usuários; e
- os usuários poderão implementar as sugestões apresentadas e, ao término do trabalho, o resultado dos levantamentos não mais refletirá a realidade do sistema.

e) **Organizar a pasta de levantamento, mediante a reunião dos dados de levantamento, de modo claro. Uma maneira adequada de organizar esta pasta poderia implicar a utilização de três formulários específicos, a saber:**

1. folha de Identificação do Sistema, indicando o sistema, o subsistema, os parâmetros e alcances do sistema, seus objetivos e áreas atendidas;
2. folhas de Descrição de Procedimentos, detalhando, de forma lógica e sequencial, as operações realizadas;
3. folhas de Detalhamento da Informação, uma para cada informação coletada, organizadas na ordem em que cada uma foi referida na "Descrição de Procedimentos". Sua finalidade principal é indicar o objetivo real que cada informação tem para o sistema em estudo. O detalhamento dos campos que compõem a informação deverá ser efetuado com muita atenção, uma vez que é imprescindível para se dimensionar as necessidades de arquivamento e os tempos de transcrição de dados (digitação).

Apresentamos, a partir da página seguinte, possíveis modelos para estas informações, deixando claro que cada empresa configurará a folha como melhor atender às suas necessidades.

Somos de opinião de que o emprego de fluxogramas para descrever os procedimentos apenas deverá ser efetuado se exigido pela metodologia-padrão da empresa e/ou restrito aos procedimentos realmente complexos, cujo entendimento possa ser dificultado se apenas for descrito redacionalmente.

IDENTIFICAÇÃO DO SISTEMA	
Sistema: Vendas/Distribuição	Subsistema: Atendimento de Pedidos

Objetivo(s):
1. Atender aos clientes cujos pedidos foram aprovados, nos seguintes prazos:
    24 horas para a Matriz;
    36 horas para a Filial de Porto Alegre; e
    72 horas para os representantes, a partir da hora de recebimento dos pedidos na Administração de Vendas – Matriz.	

Parâmetros: Inicial – Receber os pedidos Final – Comprovar a entrega dos produtos aos clientes Alcances: • Aprovar os Pedidos por Condições de Venda • Aprovar os Pedidos por Crédito • Fornecer Dados ao Planejamento e Controle da Produção • Emitir Notas Fiscais e Faturas • Zonear a Distribuição • Emitir Romaneios de Carregamento • Proceder à Carga de Caminhões • Dar Entrada dos Produtos Não Entregues	
Áreas envolvidas: • Gerência de Marketing – Administração de Vendas, Depósito de Produtos Acabados e Departamento de Transportes • Gerência Industrial – Planejamento e Controle da Produção • Gerência Financeira – Crédito e Cobrança	

Observe que esta folha nos proporciona uma macrovisão do sistema, indicando-nos os seus objetivos, o campo de ação e as áreas envolvidas.

DESCRIÇÃO DE PROCEDIMENTOS

Sistema: Vendas/Distribuição

Subsistema: Atendimento de Pedidos

Operação Nº	Descrição	Detalhamento	Executor
01	RECEBER	1. RECEBER PEDIDOS DIARIAMENTE, ATÉ AS 18 HORAS, OS PEDIDOS (ANEXO 01) EMITIDOS PELOS VENDEDORES DA MATRIZ.	ADM. VENDAS
02	RECEBER	DIARIAMENTE, VIA MALOTE, OS PEDIDOS EMITIDOS PELOS VENDEDORES DA FILIAL DE PORTO ALEGRE.	
03	RECEBER	DIARIAMENTE, VIA E-MAILS, OS PEDIDOS-E-MAILS (ANEXO 2) EMITIDOS PELOS REPRESENTANTES.	
04	CLASSIFICAR	OS PEDIDOS POR VENDEDOR.	
05	ATRIBUIR	NÚMERO DE CONTROLE (SEQUENCIAL, ANUAL) A CADA PEDIDO.	
06	REGISTRAR	OS PEDIDOS RECEBIDOS NO "MAPA DE ENTRADA DE PEDIDOS" (ANEXO 3), POR VENDEDOR, INDICANDO: • NÚMERO DE CONTROLE • CLIENTE • PRODUTO • QUANTIDADE SOLICITADA	

Note que as operações são descritas iniciando-se com verbo no infinitivo ou no presente, e são registradas sequencialmente, conforme ocorram, mudando-se, quando for o caso, a área que a executa. Os formulários recebem número sequencial conforme sua "entrada em cena".

DETALHAMENTO DA INFORMAÇÃO							
Anexo 01			Título da Informação PEDIDO					
Objetivo(s): 1) Formalizar as solicitações de compras dos clientes 2) Permitir o processo de atendimento das solicitações de compras							
Emitentes			Frequência		Volumes		
1) Vendedores da Matriz 2) Vendedores da Filial Porto Alegre			Diária Diária		200 80		300 100
Distribuição: 1ª Via – Cliente 2ª Via – Administração Vendas – Matriz 3ª Via – Vendedor							
Campos		Caracteres		Nº de Repet.	Car. Totais		Observações
Nº	Descrição	Méd.	Máx.		Méd.	Máx.	
01	Número do Pedido	06	06	01	06	06	
02	Código do Cliente	05	05	01	05	05	
03	Data de Emissão	06	06	01	06	06	
04	Código do Vendedor	03	03	01	03	03	
05	Código do Produto	05	05	03	15	15	Média
06	Quant. Solicitada	01	03	03	03	09	Média

Utilizamos uma folha destas para cada modelo de formulário referenciado na folha anterior, com o número que ali recebeu (exemplo: 01. Pedido). A informação mais importante diz respeito aos objetivos da informação para o sistema. Observe que a informação poderá ter centenas de objetivos, mas nos interessa registrar apenas os porventura existentes para o sistema sob análise.

f) **Analisar o que foi levantado.** A análise não se processa em uma única fase independente, já é impossível ao ser humano fazer, primeiro, todo o levantamento para, só então, analisar o trabalho realizado. A análise se dará paulatinamente, à medida que se desenrolam os trabalhos. A cada entrevista realizada, fazemos ideia, criamos opinião sobre as pessoas em si, seu ambiente de trabalho e a tarefa que realizam. Nessa fase final, serão relacionados os principais pontos fortes e fracos detectados na sistemática atual. Deveremos quantificar, o quanto possível, os recursos empregados pelo atual sistema – custos incorridos –, bem como identificar os principais benefícios proporcionados.

g) **Definir os pontos-problema.** Estes são indicados quando da análise dos elementos passíveis de reformulação para melhoria. Saber explorar os pontos positivos de qualquer sistema para, com base neles, construir o novo sistema, é fundamental para o êxito dos trabalhos.

C. PRÉ-PROJETO E JUSTIFICAÇÃO

É claro que, quando iniciamos o estudo de um dado sistema, já temos uma boa ideia, positiva ou não, de seus objetivos. Ocorre que, durante as entrevistas de levantamento, junto aos gerentes, essa ideia primeira poderá ser confirmada ou não, e isso se dá quando discutimos com ele O QUE ele faz com cada uma das informações que recebe.

Nesta etapa, a de Pré-Projeto e Justificação, definiremos objetivos, sempre em harmonia com os gerentes e elementos operativos que irão executar o novo sistema. Daí, passamos à fase da criação, quando então podemos dotar a empresa de sistemas melhores, mais eficientes e eficazes do que aqueles que atualmente a empresa utiliza. Desta etapa, os três objetivos fundamentais são:

- definir, num primeiro nível de detalhe, as informações a serem produzidas, os dados básicos requeridos e as funções a serem cumpridas;
- demonstrar a viabilidade técnico-econômica do projeto;
- obter aprovação para prosseguimento dos trabalhos.

Durante o Pré-Projeto serão desenvolvidas as linhas-mestras do sistema, num prazo de tempo relativamente pequeno, a fim de se obter aprovação para, então, iniciar-se o desenho do sistema propriamente dito. Com isso, ganha-se em tempo e em objetividade.

Os passos a seguir para a execução desta etapa, em síntese, são os seguintes:

a) **Rever os objetivos, parâmetros, alcances e áreas do sistema.** O novo sistema a ser desenvolvido ou as modificações a serem implementadas poderão reduzir ou aumentar a abrangência do sistema, causando impacto em seus objetivos, parâmetros e alcance e, por extensão, nas áreas por ele atendidas. Só mediante este procedimento poderemos ter um sistema melhor do que o atual.

b) **Esboçar as informações de saída.** Deverão ser determinadas as necessidades de informações de cada nível gerencial tendo em vista os objetivos do sistema. Da síntese dos requerimentos originam-se os esboços das informações gerenciais a produzir.
c) **Verificar a viabilidade de produzir a informação.** Uma vez esboçada uma informação, deveremos verificar se existem ou poderão existir os dados básicos (entrada e arquivos) necessários a sua preparação. Se não existem, nem houver possibilidade de virem a existir, fatalmente estaremos visando alto demais, e deveremos reformular a informação a ser produzida. Esses passos apenas serão produtivos na medida em que o analista envolver as gerências usuárias. É necessária a interação dessas gerências para que exponham suas necessidades de informações e comentem as ideias apresentadas pelo analista.
d) **Elaborar o fluxo de informações e identificar as funções a cumprir.** Uma vez determinadas as informações a produzir e conhecidos os dados básicos necessários, deverá ser preparado um fluxograma que demonstre as principais funções a cumprir em cada área para que o sistema tenha um desenvolvimento normal. Note-se que o detalhamento, nesta etapa, só se aplica a que função cumprir, e não como e quando realizá-la.
e) **Preparar o relatório de justificação indicando os pontos em que o sistema proposto melhorará/reformulará o atual.** Que recursos serão necessários, que economias ou benefícios se obterão. Finalmente, sempre que possível, este relatório deverá fazer uma ligeira comparação entre os custos do sistema atual e os estimados para o sistema proposto.

O relatório de justificação deverá ser apresentado aos usuários envolvidos para sua apreciação e aprovação formal.
f) **Documentar o trabalho realizado.** Todo material produzido, bem como a correspondência trocada, deverão ser organizados em uma pasta de pré-projeto, compondo a documentação desta fase.

Os trabalhos de sistemas só devem prosseguir depois de formalmente aprovado o pré-projeto pelos usuários e pela auditoria.

Ainda é uma tarefa da etapa de Pré-Projeto e Justificação desenvolver os meios pelos quais o novo sistema irá atender aos objetivos pretendidos pela empresa, principalmente pelos níveis gerenciais.

Assim sendo, no relatório de justificação e nas apresentações do Pré-Projeto aos responsáveis pelas áreas que serão por ele atendidas deverá ficar claro COMO serão atingidos os objetivos visados.

O projeto é, portanto, a ferramenta básica para avaliação de resultados, que será executada na última etapa de nossa metodologia.

Nada poderá ser feito com sucesso, em nenhuma empresa, se não houver o apoio dos elementos envolvidos. Tanto é verdade, que afirmamos:

"Todo e qualquer sistema, por mais ineficientemente que tenha sido seu desenvolvimento, poderá vir a ser implantado e proporcionar algum resultado SE os usuários envolvidos estiverem convencidos de que eles lhes é útil e à empresa. Em contrapartida, por melhor que seja um sistema, ele estará fadado ao insucesso se os usuários com ele não estiverem conformes."

Portanto, o segredo do sucesso com as atividades de desenvolvimento de sistemas repousa no grau de participação e motivação dos seus usuários.

D. DESENVOLVIMENTO E APROVAÇÃO

Uma vez aprovado o esboço de um sistema, o mesmo deverá ser "desenvolvido", ou seja, detalhado. São executados nesta fase:

- o fluxograma geral do sistema;
- a documentação de análise;
- as especificações dos programas necessários;
- a programação, compilação e teste dos programas;
- os testes do sistema.

Ainda nesta fase, a participação ativa dos usuários é de importância fundamental. Ele deverá aprovar o sistema desenvolvido e, para isto, aprovar os testes do sistema.

A etapa de Desenvolvimento e Aprovação cuida do detalhamento de um pré-projeto de sistema, que deverá incluir, como mínimo:

a) Esboços das informações de saída a serem produzidas;
b) Arquivos básicos a serem criados, mantidos e consultados.
c) Informações de entrada que suportem, juntamente com os arquivos, a criação das informações de saída.
d) Funções básicas a cumprir para, com base nas entradas e nos arquivos, gerar as informações de saída.
e) Os objetivos a serem atingidos.
f) A justificativa técnico-econômica do desenvolvimento e implantação deste projeto.

O "desenho em detalhe", como o próprio nome indica, é a especificação total do sistema, em seus mínimos detalhes. Deverão ser criados, nesta fase, independente do meio de processamento utilizado, os seguintes documentos:

a) fluxograma geral do sistema;
b) rotina de trabalho, passo a passo, por área de execução, ou seja, o detalhamento das funções a cumprir;
c) desenho final das informações de saída e sua impressão;
d) testes do sistema e a comprovação dos resultados.

Cremos ser importante tecer os seguintes comentários quanto à fase de desenho em detalhes:

Qualquer que seja o meio de processamento adotado, é essencial que a manipulação dos dados necessários para se produzir a saída seja claramente especificada para o gerente responsável ou, preferivelmente, conte com sua aprovação. Isto porque, inúmeras vezes, excelentes soluções de sistemas não têm conseguido obter êxitos em virtude de o usuário não ter participado, não ter "vivido" o sistema. Assim, é conveniente salientar que:

- uma das funções básicas de uma equipe de sistemas é "assistir à gerência na determinação de seus requerimentos de informações, recomendando os meios adequados de processamento", e especificando o sistema no nível de detalhe requerido.
- ao gerente (usuário) cabe a responsabilidade de aprovar o sistema e, para tanto, precisa estar convencido de que o sistema desenvolve satisfatoriamente as operações requeridas. Assim, por exemplo, a responsabilidade de assegurar que foram incorporados ao sistema controles adequados deve ser compartilhada entre a auditoria interna e o gerente responsável pelo sistema.

Podemos afirmar que não há método algum que possa ser considerado melhor que os outros para especificar um sistema. O essencial é que as especificações sejam claras e facilmente inteligíveis para qualquer pessoa que no futuro tenha de consultá-las.

Em primeiro lugar, como o sistema precisa ser entendido claramente pelos usuários, é necessário que ele seja especificado de tal forma que não só seu entendimento seja facilitado, como permita verificar se desenvolve ou não todas as funções necessárias. Isto é obtido, por exemplo, identificando-se as partes essenciais do sistema e especificando-as da forma mais simples possível e, a seguir, tomando-se cada uma das partes constituintes e desenvolvendo-as no nível de detalhe requerido.

Com respeito às informações, é necessário que se produza um exemplo com dados reais, para que o usuário possa sentir que está vendo alguma coisa bastante semelhante à que irá receber no futuro.

Em segundo lugar, a maneira de se especificar os detalhes deve ser tal que possa ser facilmente seguida. Obteremos isto descrevendo os passos a serem seguidos de uma forma bastante clara, evitando o uso de técnicas complicadas.

Em terceiro, as especificações devem ser completas, não deixando dúvida alguma na mente de quem as irá ler com respeito ao que deve ser executado. Somente desta maneira poderá o gerente estar seguro de que o sistema desenvolverá exatamente o que ele requer.

Caso o trabalho utilize computador como meio de processamento, mais necessário se tornará o seguimento do acima recomendado, porque a função de programação constitui-se na tradução do sistema para a linguagem do computador, o que deve ser feito passo a passo.

Os usuários deverão ter participação ativa, intensiva, em todo o trabalho de desenvolvimento. A eles caberá o preparo dos conjuntos de informações necessárias aos testes dos principais programas e do sistema como um todo; a eles caberá assegurar que o sistema esteja funcionando a contento, nos prazos estabelecidos e produzindo as informações requeridas, com a qualidade planejada.

E. IMPLANTAÇÃO

O principal objetivo da etapa de Implantação é colocar o sistema em funcionamento segundo o plano aprovado.

Esta etapa se divide em duas subetapas – pré e pós-implantação.

O objetivo básico visado pela pré-implantação é o de planificar, em detalhes, a implantação do sistema, enquanto a pós-implantação objetiva dar por concluída a implantação.

Uma vez detalhado e aprovado um dado sistema, inicia-se a subetapa de pré-implantação, no decurso da qual as seguintes tarefas serão executadas:

1. Preparação de um plano para implantação

Dependendo da empresa e do sistema, a implantação pode ter de ser feita paulatinamente. Assim, uma empresa pode possuir várias filiais e necessitar, portanto, fazer a implantação filial a filial. Nesses casos, este plano irá demonstrar, cronologicamente, a ocorrência da implantação em cada filial, e deverá apontar os recursos necessários às tarefas de coordenação e controle e as pessoas que, em cada uma das fases do trabalho, serão as responsáveis pela execução.

2. Obtenção e disposição de recursos

Nesta fase deverão ser obtidos os recursos necessários à implantação, ou seja, pessoal, equipamentos, áreas, impressos etc. Passa-se, então, aos trabalhos de confecção dos formulários, de aquisição e disposição de móveis e equipamentos etc. segundo o plano de implantação.

3. Conversão dos arquivos

Qualquer que seja o meio de processamento a utilizar, haverá necessidade da conversão dos arquivos. Os trabalhos de criação e manutenção dos arquivos e tabelas do sistema exigirão cuidado especial. O conteúdo dos arquivos deverá ser cuidadosamente verificado. Por ser a empresa dinâmica e a implantação se fazer gradativamente, isto é, filial a filial, os arquivos têm de ser mantidos atualizados desde o início.

4. Treinamento de pessoal e processamento em paralelo

Para que o pessoal seja devidamente treinado e possa melhor se desincumbir de suas tarefas, será necessário elaborar normas de procedimentos para cada área e nível de responsabilidade envolvido; divulgá-las e treinar devidamente o pessoal, fazendo-o executar procedimentos simulados, aproveitando para esclarecer pontos eventualmente obscuros. Uma vez treinado o pessoal, terão início os trabalhos de processamento paralelo. Em nossa opinião, esses trabalhos sempre devem ser realizados, dado o esforço adicional que envolvem, no menor tempo possível, consoante a importância do sistema e seu ciclo operacional diário, semanal, quinzenal, mensal.

É conveniente notar que, apesar de todo o trabalho efetuado até este ponto, o sistema ainda não está implantado. Isto só se dará quando for executada a primeira função, independente, sem que haja o processamento paralelo. Este fato comprova que a implantação propriamente dita nada mais é do que um momento na escala do tempo. Depois de implantado o sistema, será necessário cumprir as tarefas relativas à pós-implantação, que poderão ser resumidas em duas: consolidação dos procedimentos e passagem do sistema.

5. Consolidação dos procedimentos e passagem do sistema

Quase sempre a implantação de um sistema causará impacto na organização e exigirá diversos acertos nos procedimentos. Evidentemente, quanto melhor tiver sido elaborado o plano para execução da implantação e o treinamento dos responsáveis pela coordenação e execução, melhores resultados teremos da implantação e menor será o trabalho de acerto e consolidação de procedimentos. Nesta fase, serão emitidos os manuais de procedimentos, em sua versão final, e toda a responsabilidade pela execução do sistema passará para as respectivas áreas usuárias. Nunca é demais lembrar: o computador é apenas um meio do qual se serve a empresa para a solução de seus sistemas, cabendo às áreas a responsabilidade pela correta execução de seus sistemas.

F. AVALIAÇÃO DE RESULTADOS

Não nos bastará analisar, desenvolver e implantar um sistema se, após isso, não avaliarmos os resultados obtidos diante do que era esperado. Esta última etapa do método proposto objetiva avaliar os resultados obtidos com a implantação de um sistema.

Evidentemente, ninguém poderá julgar em causa própria; por isso, a área de Organização e Informática não poderá chamar para si a responsabilidade pela execução dos trabalhos de avaliação. O correto será a constituição de um grupo de trabalho independente e/ou a utilização do pessoal de auditoria.

O trabalho executado nesta etapa constitui-se de levantamentos junto às áreas envolvidas, suas gerências e principais elementos operativos, para verificar, principalmente, se os pontos que serviram para justificar o desenvolvimento do projeto foram alcançados.

Como resultado destes trabalhos deve-se fazer um relatório de avaliação, mostrando os resultados obtidos e sugerindo medidas a tomar para eliminar as possíveis falhas.

3. Enfrentando as resistências humanas

Muitos problemas sempre são enfrentados quando se prepara uma implantação de sistemas. Por mais que se tenha dado atenção à obtenção da participação dos usuários, esta tarefa sempre envolve *mudança* e, no geral, o ser humano é avesso, é contrário às mudanças. Conscientemente ou não, aparecerão barreiras a todo e qualquer movimento que implique mudança. O que fazer para enfrentar e vencer estas barreiras? Basicamente, fazendo um trabalho essencialmente técnico, profissional e expondo os objetivos visados, a metodologia empregada etc. Assim, será conveniente:

- nunca usar de deslealdade, mas, sim, de sinceridade;
- demonstrar, sempre, que o trabalho visa à melhoria das condições de sua realização, sendo mérito dos usuários, e não dos técnicos que o desenvolveram e implantaram;
- definir, expor, demonstrar exaustivamente, passo a passo, o que está sendo feito; e
- exigir que os trabalhos sejam avaliados, uma vez implantados.

Cremos poder concluir este capítulo com a seguinte afirmativa:

"SEMPRE SERÁ POSSÍVEL FAZERMOS ALGUMA COISA COM MAIOR EFICIÊNCIA E EFICÁCIA. BASTA HAVER UNIÃO EM TORNO DE UM PROPÓSITO."

Avalie seu aproveitamento

Concluímos mais um capítulo – aquele no qual apresentamos uma metodologia de como desenvolver e implantar um sistema de informações. Convém, agora, que você responda às questões a seguir indicadas, baseando-se naquilo que conseguiu absorver ao longo de nossa explanação. Como sempre, as respostas que julgamos mais adequadas a estas questões constam do capítulo final desta obra e você, estamos certos, não as consultará antes de haver respondido a todas as questões.

Questionário de reforço nº 3

1. Uma conceituação válida para "método" pode ser:

    a) uma organização de recursos.
    b) a maneira pela qual se faz alguma coisa.
    c) um conjunto de funções logicamente estruturadas, visando atender a um dado objetivo.
    d) todas corretas.
    e) nenhuma válida.

2. Dentre as funções do comitê coordenador das atividades de sistemas temos:

    a) reunir-se pelo menos uma vez por mês.
    b) aprovar prioridades de trabalho e recursos necessários.
    c) acompanhar o andamento dos trabalhos e avaliar resultados.
    d) *b* e *c*.
    e) todas.

3. As etapas básicas da metodologia exposta são:

    a) levantamento, desenho, aprovação, implantação e avaliação.
    b) levantamento e análise, projeto, detalhamento, implantação e avaliação.
    c) levantamento e análise, pré-projeto e justificação, desenvolvimento e aprovação, implantação e avaliação.

4. A etapa de "levantamento e análise" é caracterizada pelo fato de o analista:

    a) sair a campo para conhecer o sistema atual e a estrutura que o fundamenta.
    b) ter de fazer entrevistas gerenciais.
    c) poder ser treinado.
    d) bem, eu acho que
    _____
    _____
    _____

5. Dentre as preocupações básicas do analista na etapa de levantamento e análise, temos:

   a) trabalhar depressa.
   b) anotar tudo o que for relevante, tomando o cuidado de registrar o que de fato ocorre.
   c) não adiantar soluções e/ou fazer comentários sobre o sistema atual.
   d) *a e b*.
   e) *b e c*.

6. Os trabalhos de especificação, codificação, montagem e testes de programas ocorrem na etapa de:

   a) avaliação de resultados.
   b) testes em paralelo.
   c) projeto do sistema.
   d) desenvolvimento do sistema.
   e) pré-implantação.

7. Qual a razão de afirmarmos que a participação do auditor é talvez mais importante na etapa de "Pré-Projeto e Justificação"?

8. Sabemos que as principais fases do trabalho de "pré-implantação" são:

   - elaboração do plano de implantação.
   - obtenção e disposição de recursos.
   - conversão de arquivos.
   - treinamento do pessoal e processamento em paralelo.

   Em qual destas fases ocorrerá a emissão e a distribuição de normas de procedimentos?

9. O adequado planejamento dos trabalhos necessários à implantação de um sistema:

a) não interfere nos resultados da implantação.
b) por ser um trabalho adicional pode prejudicar os trabalhos.
c) minimiza os problemas decorrentes da implantação.
d) todas válidas.
e) nenhuma correta.

10. Que cuidados você recomendaria quanto à conversão dos arquivos do sistema atual para o novo?

_____
_____
_____
_____

11. Quem deve executar os trabalhos de avaliação depois de implantado o sistema:

a) os usuários envolvidos.
b) a auditoria interna, quando existente.
c) uma equipe especialmente preparada, da qual façam parte pessoas usuárias.
d) a equipe que desenvolveu e implantou o sistema, dado o maior conhecimento que possui a seu respeito.

EVOLUÇÃO DOS SISTEMAS DE INFORMAÇÕES

1. Objetivos do capítulo

Com este capítulo procuramos atingir os seguintes objetivos principais:

- apresentar um histórico da evolução dos sistemas de informações;
- indicar a situação atual e estabelecer uma base da perspectiva do futuro a médio prazo;
- enfatizar os aspectos de eficiência e eficácia;
- reforçar os conceitos de sistemas integrados de apoio à tomada de decisões, sempre partindo de um objetivo maior, qual seja, a clara conscientização do indivíduo para obter o máximo dos recursos alocados ao desenvolvimento ou aquisição, implantação e operação dos sistemas de informações da organização.

2. Principais fases da evolução dos sistemas

Quando nos dedicamos ao estudo dos sistemas de informações, podemos visualizar os seguintes estágios de evolução (deixando claro que, dadas as dimensões continentais de nosso país, podemos encontrar empresas operando em praticamente todos estes estágios):

2.1 ELEMENTAR

Caracteriza-se este estágio pelo fato de o sistema estar voltado à realização de uma única função. Por exemplo, a manutenção de um *kardex* de materiais, mediante o registro de notas do fornecedor, quando da entrada de mercadorias, e requisições quando de sua saída, teremos:

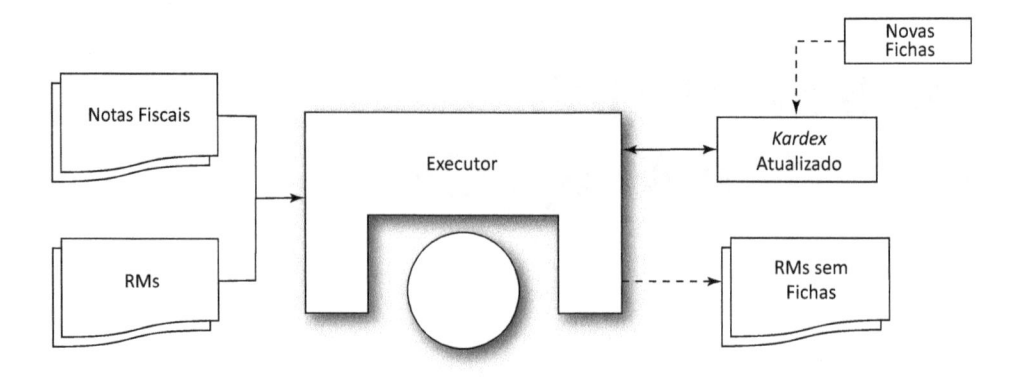

```
              ┌─────────────┐
              │   Novas     │
              │   Fichas    │
              └──────┬──────┘
                     ↓
┌──────────┐   ┌──────────┐   ┌──────────┐
│  Notas   │──→│          │──→│  Kardex  │
│ Fiscais  │   │ Executor │   │Atualizado│
└──────────┘   │          │   └──────────┘
┌──────────┐   │          │   ┌──────────┐
│   RMs    │──→│          │──→│ RMs sem  │
└──────────┘   └──────────┘   │  Fichas  │
                              └──────────┘
```

Vemos que neste estágio realiza-se apenas o cumprimento de uma função de atualização de arquivo. Quando muito, pode ocorrer a abertura de uma nova ficha, ao se receber um novo tipo de material, ou o não lançamento de uma RM, quando não se encontrar a competente ficha *kardex*. É um sistema simples, totalmente operacional.

2.2 Normal

Evoluímos o modelo anterior para que, ao lançar as saídas de materiais, se possa conferir o saldo disponível contra o ponto de pedido e seja gerado, então, um informe de itens que tenham atingido o ponto de reposição. Teremos:

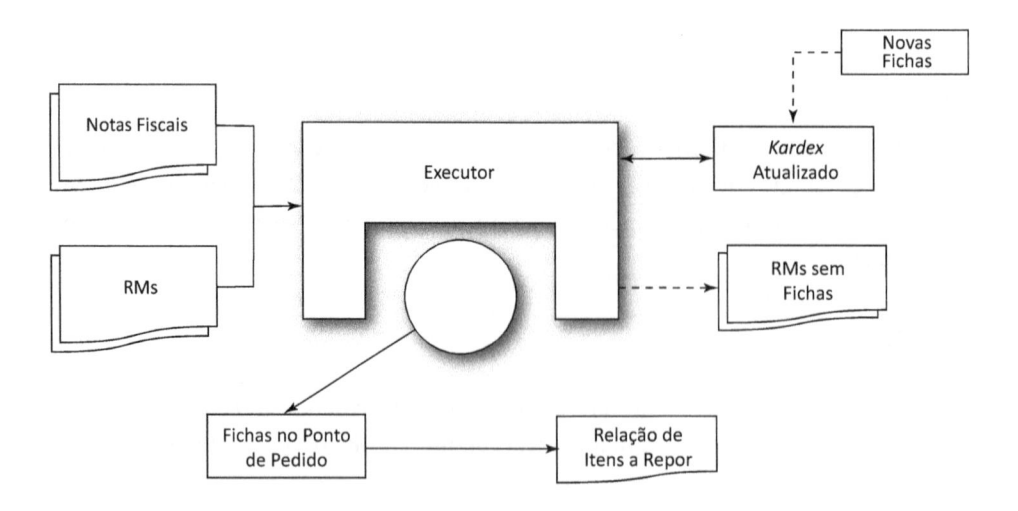

```
                                    ┌─────────────┐
                                    │   Novas     │
                                    │   Fichas    │
                                    └──────┬──────┘
                                           ↓
┌──────────┐   ┌──────────┐   ┌──────────┐
│  Notas   │──→│          │──→│  Kardex  │
│ Fiscais  │   │ Executor │   │Atualizado│
└──────────┘   │          │   └──────────┘
┌──────────┐   │          │   ┌──────────┐
│   RMs    │──→│          │──→│ RMs sem  │
└──────────┘   └──────────┘   │  Fichas  │
                     ↓         └──────────┘
              ┌──────────────┐    ┌──────────────┐
              │Fichas no Ponto│──→│  Relação de  │
              │  de Pedido    │   │Itens a Repor │
              └──────────────┘    └──────────────┘
```

Surge agora um informe gerencial, uma primeira sistemática para alertar uma dada gerência de que deverá *estudar* a conveniência, ou não, de repor determinados materiais.

2.3 Adequada

Permaneçamos com o mesmo exemplo, supondo, porém, que o trabalho esteja sendo feito com utilização de um computador (de qualquer porte). Neste caso, os dados de entrada (notas fiscais e RMs) foram digitados em meio legível pelo computador ou diretamente nele. Supondo que as passagens e verificações de "consistências" (validade dos dados) já tenham sido efetuadas, poderíamos ter:

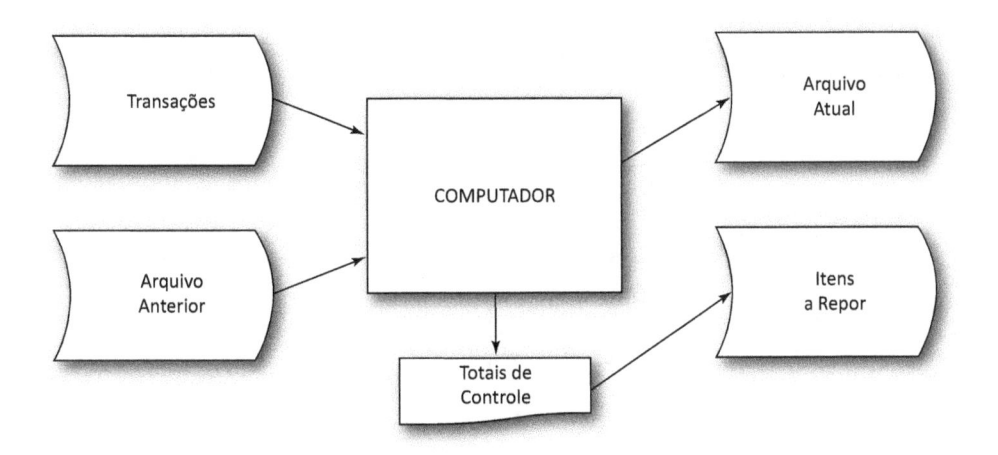

Normalmente podemos ter os arquivos acima em um único disco. Representamos de modo independente para fins didáticos e melhor visualização.

Verifica-se, neste exemplo parcial, uma grande melhoria de funções, pois:

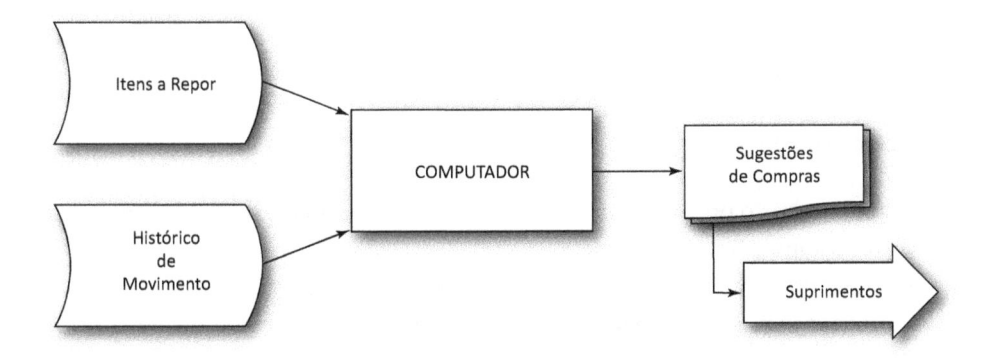

1. Emitem-se "sugestões de compras" indicativas de fornecedores que devem ser cotados, das quantidades, níveis de preços, prazos etc., em vez de apenas indicar que um dado item atingiu seu ponto de pedido.

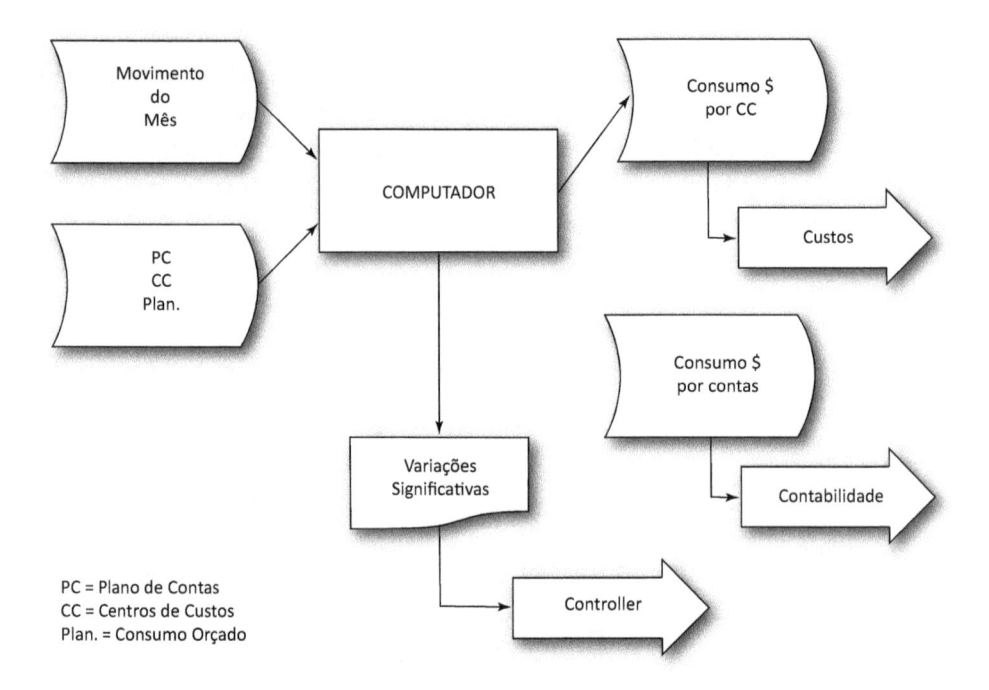

```
        Movimento                          Consumo $
           do                               por CC
          Mês
                    ↘                  ↗              ↘
                     [ COMPUTADOR ]                    Custos
                    ↗              ↓  ↘
           PC                          
           CC                          
          Plan.                       
                                                Consumo $
                                                por contas
                              ↓                    ↓
                         Variações                      ↘
                        Significativas                   Contabilidade
                              ↓
PC = Plano de Contas            ↘
CC = Centros de Custos           Controller
Plan. = Consumo Orçado
```

2. Das movimentações do mês, obtêm-se os consumos por centro de custos para fins de contabilização.
3. Obtém-se, ainda, uma análise das variações significativas no consumo, por item e por centro de custos. Cremos que cerca de 80% dos sistemas em execução nos computadores, no Brasil, são deste tipo.

2.4 Integrada

A integração objetiva:

- maximizar o processamento, minimizando a quantidade de dados a informar ao computador.
- aumentar o grau de utilização, a "performance" do equipamento.
- tornar mais ágeis, econômicos e eficientes o processamento e a geração de informações para controle gerencial.

Um exemplo claro seria, baseando-se ainda no modelo anterior, ao invés de gerar as relações de consumo por centro de custos e por contas, utilizar os dados no próprio computador como fonte de entrada para os sistemas de custos e de contabilidade, respectivamente.

2.5 Avançada

Quando um sistema, além de ser integrado, utiliza metodologia DB/DC ("data base/data communication"), o chamamos avançado. Neste caso, e ainda dentro do modelo adotado, teríamos um terminal no almoxarifado, pelo qual o *kardexista* (atualmente operador) verificaria a existência e daria entrada às transações (Notas, Requisições e Devoluções de Materiais) diretamente ao computador (localizado em outro local). A vantagem principal seria que, a qualquer momento, qualquer terminal autorizado poderia: consultar estoques, verificar as movimentações acumuladas do dia, da semana, do mês etc., quais pedidos se encontram colocados e qual o fornecedor, datas de entrega etc.

É o que ocorre, por exemplo, nos sistemas configurados, distribuídos em rede (Internet, Intranet e Extranet), quando, por exemplo, uma revenda pode acessar os estoques de uma montadora ou vice-versa, registrando automaticamente suas solicitações, extraindo ou inserindo dados.

Nota-se, pelo exemplo apresentado que, de início, o sistema atendia apenas uma área. Eram isolados. Posteriormente, o sistema continuava a atender àquela área, mas já se preocupava com outras, ocorrendo uma integração por área.

Aí temos um outro aspecto: o da sistemática de arquivamento de informações e sua recuperação. Nos sistemas simples e nos integrados por área, quase sempre os arquivos – mesmo que computadorizados – seguirão a forma "tradicional" (sequencial, sequencial indexado e aleatório) na qual é sempre trabalhoso – e às vezes impossível – produzir informes para a gerência, contendo, em uma dada informação, elementos de informações de áreas e/ou sistemas diversos – o que só é possível nos sistemas integrados de informações.

3. Atual situação dos sistemas aplicativos

Ainda hoje, muitas empresas, principalmente as de médio e grande portes, possuem em suas estruturas organizacionais uma área e/ou equipes de "desenvolvedores" de sistemas, pessoal dedicado a desenvolver e implantar os sistemas aplicativos (operativos e gerenciais), específicos para a empresa. Mas ocorre, cada vez mais intensamente, a contratação de sistemas prontos (*pacotes*). No passado recente, tais sistemas traziam para as empresas que os contratavam dois grandes problemas: sua inflexibilidade e o custo. Inflexibilidade, porque era muito difícil (às vezes, impossível) que a *softhouse* (empresa que o havia desenvolvido e/ou comercializado) aceitasse fazer qualquer alteração no seu sistema – alteração essa que viria permitir que o sistema melhor atendesse às necessidades da empresa contratante. Custo, porque, de início, já não eram baratos, e qualquer alteração custava uma fábula!

Atualmente, existem excelentes sistemas integrados, atendendo a praticamente quaisquer necessidades, de qualquer tipo e porte de empresas, e a preços bastante razoáveis.

A tendência é que, em futuro muito próximo, qualquer empresa poderá "baixar" da Internet o sistema que melhor atenda as suas necessidades e pagará apenas pelo uso que dele fizer. Será muito semelhante ao pagamento de água ou de luz – pelo real uso que deles fazemos!

4. Uma ideia para o futuro

Fizemos questão de manter aqui o que pensávamos quando preparamos a primeira edição deste livro (1995). Com isso queremos que você leia com atenção e avalie por si mesmo o quanto já caminhamos dentro daquela visão e o quanto ainda nos resta caminhar. Sem dúvida, nossa visão para os próximos anos deverá se concretizar totalmente – e ir além, muito além. Pense e escreva você mesmo o que poderá ocorrer até, digamos, 2020! Eis, na íntegra, nossas visões daquela época:

> "Nossa visão do futuro pode ser apresentada em poucas palavras. Havendo condições para a humanidade prosseguir no avanço tecnológico na escala e velocidade dos últimos 20 anos, será comum, na virada do século, que muitos gerentes, muitos executivos, possam passar a maior parte do tempo trabalhando e sendo informados em suas residências, decidindo, através de terminais remotos, conectados aos computadores de suas empresas e à rede pública de comunicações (nacional e internacional).
>
> Terminais de computação estarão, naquela época, bastante disseminados pelas principais ruas e avenidas das principais cidades, como hoje os 'orelhões' telefônicos. A grande maioria das funções – necessárias ao dia a dia da comunidade – será efetuada via telefones e terminais, diretamente das residências. Por exemplo: operações financeiras, consulta e aquisição de mercadorias, contratação de serviços etc.
>
> A nosso ver – e se a própria humanidade assim o permitir –, o futuro será risonho: mais tempo para o convívio familiar. É o que esperamos!"

5. Eficiência e eficácia

Ressaltamos, ao longo deste capítulo, que as pessoas são as molas propulsoras das organizações, mesmo porque estas apenas existem para atendimento de necessidades manifestadas ou sugeridas pelas ou para as pessoas. Dissemos, ainda, que a pessoa que nas empresas se torna responsável pela condução de uma área, ou mesmo de toda a empresa, recebe o nome de "gerente". Ora, é conveniente repensarmos a pessoa do gerente (já salientado no Capítulo 2, item 2: Conceituando o gerente).

Sem dúvida que é a pessoa responsável pelo atingimento dos objetivos de sua área ou de toda a empresa, conforme sua posição na estrutura da organização. É a pessoa paga para tomar decisões e, em consequência, maior será o sucesso de um gerente quanto menos vezes errar e menos prejudiciais forem esses erros. Para suas tomadas de decisão, o gerente se baseia em informações produzidas pelos sistemas de informações – quer se utilize ou não de recursos computacionais.

Na condução de uma determinada área, em suas tomadas de decisão, os gerentes devem procurar ser "efetivos", conciliando eficiência e eficácia. Bem, mas o que é uma pessoa eficiente e uma pessoa eficaz, e o que as diferencia? Poderíamos afirmar que:

- a pessoa eficiente é aquela que faz certo as coisas; enquanto
- a pessoa eficaz é aquela que faz as coisas certas.

Não há nada mais sem nexo do que fazer certo uma coisa que, por natureza, não precisasse ser feita, não acha?

As pessoas eficientes são aquelas presas a normas, políticas e procedimentos estabelecidos, enquanto a pessoa eficaz não se prende tanto a normas, políticas e procedimentos. Ela objetiva, primordialmente, obter resultados. Deste modo, uma pessoa eficiente poderia, por exemplo, deixar de tomar uma decisão que poderia provocar um ganho, digamos, de US$ 100.000,00 porque, para tomá-la, deveria infringir uma norma interna da organização – e ela não o faz. Já a pessoa eficaz, em situação idêntica, tomaria a decisão, ganharia os US$ 100.000,00 e, depois, veria como normalizar a situação internamente.

Assim, os sistemas de informações não deveriam simplesmente buscar a eficiência, mas, e principalmente, permitir a eficácia. Consequentemente, não deveríamos produzir uma informação para um gerente quando sua decisão, por mais eficiente que fosse, nos gerasse um retorno, um ganho de, digamos, US$ 10.000,00, quando, para podermos produzir e fornecer a informação para aquela decisão tivéssemos incorrido em um custo igual ou mesmo superior àquele valor. Certo?

A nosso ver, seria um grande contrassenso – mas que ocorre, diariamente, em uma grande quantidade de empresas!

ADMINISTRANDO ORGANIZAÇÃO E INFORMÁTICA

CAPÍTULO 8

1. Objetivos do capítulo

Procuraremos, durante o desenvolvimento deste capítulo, atingir os seguintes objetivos:

- enfatizar a necessidade de planejar e organizar as atividades de Organização e Informática – uma vez que ela tem por missão auxiliar os profissionais com poder de decisão a melhor organizarem a empresa;
- apresentar uma metodologia, simples e funcional, capaz de contribuir para adequada gestão das atividades de Organização e Informática, ou seja, seu planejamento, sua organização, a coordenação dos esforços e a avaliação dos resultados aportados à empresa.

Uma das principais preocupações dos administradores, principalmente na conjuntura socioeconômica e ambiental em que vivemos, é *obter o melhor resultado* dos recursos que a empresa coloca sob sua responsabilidade. Isto é válido também para esta área. Começamos por esclarecer quais são suas reais finalidades.

2. Finalidades da área

A área de Organização e Informática, ou de Engenharia de Informações, foi, é, e sempre será, de apoio, de assessoramento à administração da empresa, e ela apenas se justificará na medida em que:

- assessore os gerentes quanto à determinação de suas necessidades de informações para que possam atingir seus objetivos; e
- crie os sistemas que produzam estas informações com a qualidade, tempo e custos requeridos.

Esta área deve, portanto, *facilitar* o trabalho dos gerentes na busca dos resultados para a empresa. Muitas, infelizmente, não só não facilitam como chegam a atrapalhar, fornecendo informações muito detalhadas, não confiáveis nem oportunas. Sem falarmos em *custo*, elemento muito esquecido na área.

Outro ponto a ser salientado: por mais capaz que seja o titular da área e os seus técnicos, estes *não devem ter autoridade* para decidir *o que fazer*. Esta decisão é da alçada da alta administração, dos níveis gerenciais, ou de um comitê coordenador de sistemas especialmente constituído para esta finalidade. Compete aos especialistas, uma vez conhecido o que fazer, indicar *como* fazer para produzir os resultados esperados, empregando do melhor modo possível os recursos técnicos de que dispõem.

Logo, a existência de objetivos claros e viáveis contribui favoravelmente para que os recursos existentes nesta área possam ser adequadamente empregados e, assim, proporcionar resultados apropriados.

Vejamos alguns principais pontos importantes quanto ao planejamento, à organização, à coordenação e ao controle das atividades da área de Organização e Informática:

- posicionamento hierárquico;
- principais funções de seus ocupantes;
- sistemáticas para planejamento e controle.

2.1 Posicionamento hierárquico

Uma estrutura organizacional adequada por si só não garante que os trabalhos estejam sendo executados a contento, mas cremos muito difícil haver claras atribuições de deveres e funções em uma estrutura organizacional inadequada.

O posicionamento ideal da área de Organização e Informática é como um órgão de assessoria à alta administração da empresa. Quando isto, por motivos relevantes, não puder ser atendido, este órgão deverá subordinar-se diretamente à alta administração como mais uma gerência operacional. A experiência tem provado que quando este órgão subordina-se a uma dada gerência, qualquer que seja, prioritariamente serão atendidos os trabalhos desta área em detrimento de um melhor aproveitamento destes recursos para a empresa como um todo.

Muitas funções na área de Organização e Informática, especialmente em empresas de porte menor, já não existem mais, como as de controle de dados e de digitação. Todavia, estas continuam a existir em algumas empresas de grande porte ou, se quisermos, em quaisquer empresas, posto que sempre deveremos controlar as informações e transcrever os dados para meios legíveis pelos computadores. Ocorre que, agora, estas funções são realizadas de modo distribuído, nos terminais ou microcomputadores, nos *notebooks* espalhados por toda a empresa (ou até mesmo fora dela!), independente de sua localização geográfica. Dada a relevância de se conhecer quais sejam estas funções, vamos nos basear na estrutura mostrada na próxima figura, deixando claro que ela apenas vigora em poucas empresas – normalmente nas de maior porte.

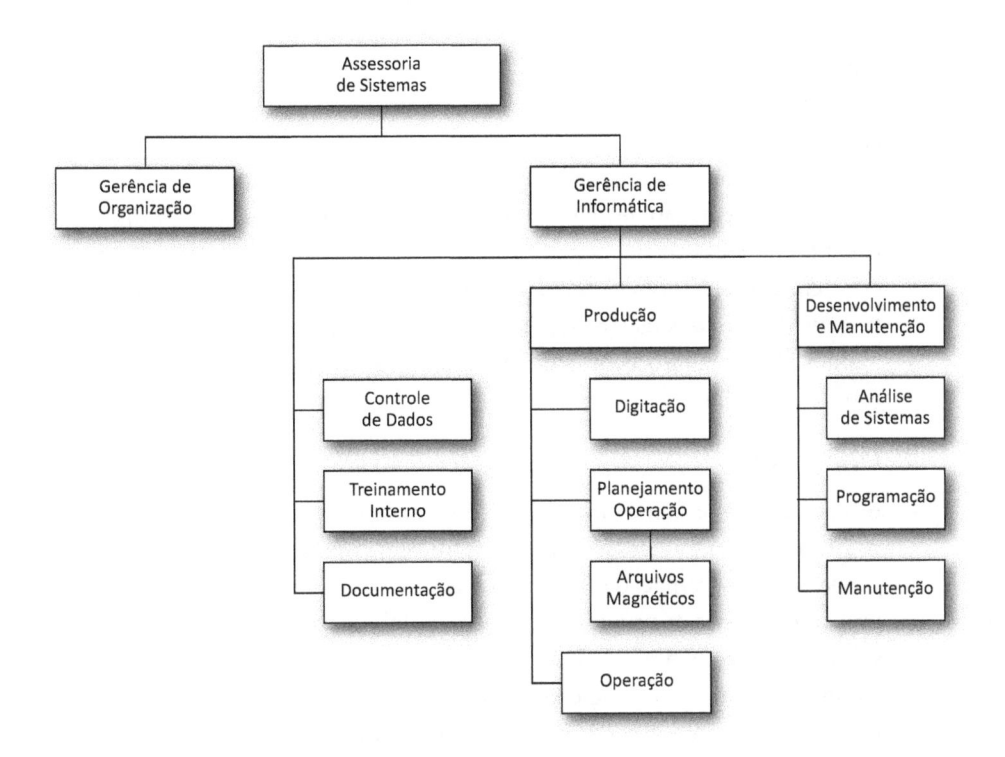

```
                        Assessoria
                        de Sistemas
              ┌──────────────┴──────────────┐
      Gerência de                      Gerência de
      Organização                      Informática
              │                  ┌──────────┴──────────┐
              │               Produção          Desenvolvimento
              │                  │               e Manutenção
              ├── Controle      ├── Digitação    ├── Análise
              │   de Dados      │                 │   de Sistemas
              ├── Treinamento   ├── Planejamento ├── Programação
              │   Interno       │   Operação     │
              └── Documentação  ├── Arquivos     └── Manutenção
                                │   Magnéticos
                                └── Operação
```

Notamos que as atividades de Organização e Informática devem estar subordinadas a um só comando. Este procedimento harmoniza a equipe e proporciona melhores resultados dos recursos investidos. Notamos, ainda, que nos trabalhos de desenvolvimento de sistemas há uma tendência a abandonar a estruturação hierárquica (em linha) a favor de uma estruturação matricial, da seguinte forma:

Equipe / Projeto	Líder do Projeto	Analistas de Organização	Analistas de Sistemas	Programadores
A	RAUL	X	Y	Z
B	GIL	M	N	O

2.2 Principais funções da área

Sinteticamente, são estas as principais funções executadas pelos técnicos, área a área:

a) *Análise de sistemas*

- levantar, analisar e propor soluções alternativas para os sistemas da empresa;
- desenvolver as alternativas aprovadas pela empresa, otimizando o aproveitamento do meio de processamento de dados disponível;
- gerar documentação do sistema para programação e cuidar dos testes de sistemas;
- documentar, segundo os padrões da empresa, os trabalhos executados, gerando documentação de análise, de programação, de operação e de digitação (quando for o caso);
- criar, em conjunto com os técnicos em organização, a documentação de controle de dados e dos usuários, participando do treinamento aos usuários;
- manter planejamento, acompanhamento e controle dos trabalhos em execução e executados.

b) *Programação*

- receber, estudar e desenvolver a documentação recebida da análise;
- codificar os programas, segundo especificado pela análise, utilizando a linguagem de programação oficializada pela empresa;
- preparar os testes de programas, resolver as falhas apontadas na compilação e submeter os testes finais à aprovação da análise;
- completar a documentação de operação;
- manter planejamento, acompanhamento e controle dos trabalhos em execução e executados;

c) *Manutenção*

- Proceder à alteração de sistemas e programas já existentes, de modo a atender a novas necessidades da empresa, modificações exigidas pela legislação fisco-tributária, otimização do processamento etc.

Pelo fato de a manutenção ser realizada sobre sistemas e/ou programas já em operação, em execução normal, justifica-se, em muitos casos, que esta equipe seja subordinada à área de produção. Em um ou outro caso o acesso à documentação, necessário ao trabalho de manutenção, deve ser restrito e formalizado.

Também não é boa prática deixar um técnico de manutenção encarregado, permanentemente, de um dado sistema. Neste grupo, obrigatoriamente, deve-se fazer rodízio de trabalho entre o pessoal.

d) *Digitação (centralizada ou não)*

- transcrever os documentos-fonte, originais, segundo documentação existente, mediante digitação e gravação no equipamento disponível na empresa;
- manter anotações de tempo despendido e trabalho realizado, por funcionário e sistema.

e) *Planejamento de operação (apenas em algumas grandes empresas)*

- manter quadros de datas e horários de recebimento e envio de trabalhos;
- preparar a carga de operação semanal e diária, quando em operações em lotes (*batch*) sempre existentes nas maiores empresas, nos processos mensais ou de grande volume de transações;
- preparar os elementos básicos (dados de entrada e arquivos) e remetê-los à operação;
- manter controle dos arquivos magnéticos (normalmente fitas, em grandes instalações) por conteúdo e número de arquivos físicos;
- cobrar da operação a pronta devolução das novas versões de arquivos e retorná-los aos devidos lugares;
- executar, segundo esquemas formais, a manutenção de cópias de arquivos (*back-up*) interna e externamente à área.

f) *Operação*

- executar os trabalhos, segundo a carga de operação do dia;
- manter anotações manuais de tempos despendidos e trabalho realizado, por turno (além do *job accounting* interno).

g) *Controle de dados (raros e sempre com menor quantidade de atribuições)*

- manter quadros de datas e horários de recebimento e envio de trabalhos;
- receber, dos departamentos usuários, a documentação fonte, protocolada e com totais de controle; dar baixa no quadro de datas;
- remeter a documentação-fonte à digitação;
- receber os relatórios (de crítica ou finais) da operação, checar totais de controle, protocolá-los e remetê-los aos usuários;
- atualizar os quadros de datas de remessa;
- manter controle de totais dos principais arquivos de cada sistema.

h) *Treinamento interno*

- proceder, com o apoio da área de recursos humanos, ao levantamento de necessidades de reciclagem e capacitação do pessoal de toda a área de Organização e Informática;

- preparar material e ministrar treinamentos de temas inerentes à área;
- coordenar cursos externos para o pessoal da área sobre gerência, administração em geral e específica e sobre temas da área;
- manter registros da capacitação técnica de cada funcionário.

i) *Documentação*

- manter arquivo de normas e padrões internos;
- apurar e manter dados estatísticos de trabalhos realizados, produção e tempos despendidos;
- receber documentação de sistemas e de programação da área de análise e verificar se esta se encontra compatível com as normas em vigor;
- manter arquivo da documentação da análise e de programação, registrar e controlar seu envio à manutenção.

Esclarecemos que a estrutura organizacional aqui apresentada é encontrada em algumas empresas de médio e grande portes em nosso país e que, não necessariamente, há concordância plena quanto à nomenclatura das áreas. Assim, por exemplo, "planejamento de operação", em algumas empresas, é chamado "*schedullagem*", em outras, "preparação" e, assim por diante. Evidentemente, se a empresa é de pequeno/médio porte e utiliza um conjunto de computadores menores e *notebooks*, não encontraremos – nem caberia – esta estrutura. Mas, é sempre conveniente termos um adequado conhecimento sobre como as atividades de Organização e Informática podem ser organizadas nas maiores empresas.

2.3 Sistemáticas para planejamento e controle – Comitê coordenador de sistemas

A experiência tem provado que a existência de um "comitê coordenador de sistemas", constituído por três a cinco executivos da empresa, com poder de decisão sobre as áreas mais importantes, tais como, em uma indústria e comércio: abastecimento, produção, marketing e finanças, tem contribuído favoravelmente para a adequada utilização dos recursos de Organização e Informática. Ao comitê corresponde a responsabilidade pela determinação do *que* fazer e, posteriormente,

- aprovar/alterar prioridades;
- aprovar os planos apresentados para atender às prioriades estabelecidas;
- dotar a área dos recursos constantes dos planos aprovados;
- controlar o desenvolvimento dos trabalhos;
- avaliar os resultados obtidos.

Uma sistemática simples e funcional deve ser instituída e, a nosso ver, deveria conter os seguintes instrumentos de planejamento e controle:

a) plano diretor de informática (para um horizonte de três a cinco anos).
b) planejamento operacional (anual).
c) cronograma de atividades (um para cada projeto).
d) relatórios de atividades.
e) demonstrativos de utilização e ocorrências.
f) relatório mensal de posicionamento.

a) Plano Diretor de Informática (PDI)

Dada a importância desta ferramenta de planejamento, organização, coordenação e controle, vamos nos deter um pouco mais na discussão do que seja e de seu valor para o adequado emprego de recursos de Organização e Informática. O planejamento das atividades desta área é uma imperiosa necessidade das organizações modernas, deixando, pois, de ser feito apenas para gerar mais um documento. O PDI, como é chamado, representa para a empresa o instrumento de planejamento de suas necessidades de recursos, físicos, técnicos, financeiros e principalmente humanos de "informatização", como parte de um planejamento global, voltado para a consecução dos objetivos da empresa como um todo.

Logo, como base do planejamento de informática deve estar o processo de planejamento empresarial e institucional. Além da vantagem intrínseca de sua existência, a elaboração de planos de informática estimula a participação de todos os níveis da organização no processo de planejamento. Permite ainda, através da participação dos usuários de recursos de Organização e Informática, a conscientização sobre a sua importância como instrumento para o desenvolvimento das atividades-fim da empresa.

Mas, o que é o PDI?

É o processo de determinação dos objetivos a serem atingidos com o emprego dos recursos de Organização e Informática e indicação dos investimentos necessários para o seu desenvolvimento. Não é apenas um livro, livreto ou relatório. É todo um processo! O preparo, discussão, aprovação, implantação e controle de um PDI nos possibilita:

- identificar os principais objetivos a atingir;
- registrar as políticas, diretrizes e estratégias que serão seguidas ou deverão sê-lo, para podermos conseguir atingir aqueles objetivos;
- focalizar a estrutura de recursos humanos e materiais disponíveis;
- diagnosticar a situação atual dos sistemas de informações, avaliando, principalmente, o grau em que são atendidas as necessidades de informações gerenciais;
- indicar as prioridades para fins de desenvolvimento;

- estabelecer, segundo as estratégias aprovadas, as necessidades de recursos;
- registrar as necessidades de treinamento e reciclagem, enfim, de capacitação de pessoal – da empresa como um todo e da área, em particular;
- viabilizar adequada integração de sistemas;
- estabelecer sistemática de organização, coordenação e controle das atividades.

Um PDI deve conter, em sua formalização, como mínimo:

- introdução;
- dados gerais da empresa, da organização;
- situação atual das atividades de informática;
- premissas de planejamento;
- situação planejada para a área;
- sistemática de controle e de avaliação.

É conveniente registrar que, para desenvolver um planejamento destas atividades, um PDI, é necessária a interação contínua entre todos os níveis de decisão da empresa, e, em especial, dos responsáveis pelas áreas de Organização e Informática, auditoria interna e controladoria. Apenas a união de todos e a busca contínua de consenso poderá garantir o sucesso!

Além de todo o material mencionado, o PDI deverá contar com ferramenta que facilite a coordenação e o controle, que nas grandes empresas pode ser a utilização de um software de planejamento, como o MS-Project, mas que, na maioria das pequenas e médias empresas pode ser perfeitamente bem atendido pelo emprego de um diagrama, um grafico de "Gantt" (sobrenome do oficial da marinha norte-americana que o criou). Eis uma forma possível para este gráfico:

Empresa	Planejamento Estratégico de Sistemas Período: de _____ até _____		
Atividades e Recursos	Ano n	Ano n + 1	Ano n + 2
	meses	meses	meses
P			
R			

P = Previsto
R = Realizado

O planejamento estratégico (PDI) deve ser revisto e atualizado anualmente, sempre mantendo uma previsão para três a cinco anos.

b) Planejamento operacional (anual)

Anualmente, quando da atualização do planejamento estratégico, o planejamento operacional deverá ser estabelecido indicando as atividades, os responsáveis e os períodos de tempo necessários à sua execução.

Empresa	Planejamento Operacional de Sistemas				Ano:	
Atividades	Responsáveis	Início		Janeiro		Fevereiro
		Previsto	Real			
				P		
				R		

O planejamento operacional deve relacionar todos os trabalhos em desenvolvimento e em operação, bem como as manutenções estruturais. Mas não atenderá às pequenas manutenções de emergência, o que força a segregação de uma equipe para estas atividades.

c) Cronograma de atividades

Cada uma das atividades de desenvolvimento e/ou manutenção estrutural de sistemas deve ter seu cronograma individual para que o gerente responsável possa ter pleno controle de seu desenvolvimento e possa fazer posicionamentos periódicos a seu superior imediato. Exemplo:

Empresa	Cronograma de Atividades Sistema: Planejamento e Controle de Produção						
Analista Responsável:							
Início Real:			Fim Previsto:			Fim Real:	
Etapas	Responsável	Início Real	Fim Previsto	Janeiro		Fevereiro	
A			P R				
B							
C							

d) Relatórios de atividades

Os relatórios de atividades são emitidos, com a frequência determinada pela gerência de organização e informática, por todos os especialistas envolvidos em desenvolvimento de sistemas, em manutenção de qualquer grandeza e pelos responsáveis por todas as demais áreas da assessoria. São remetidos ao superior imediato, que sumariza as atividades do período e emite o relatório de atividades da assessoria, encaminhando e discutindo-o com a diretoria à qual a área estiver subordinada.

Empresa	Relatório de Atividades		
	Funcionário		
	Setor		Período
Atividades Cumpridas	Ocorrências		Sugestões e Comentários

Cremos ser de boa prática que tais relatórios sejam emitidos decendialmente (a cada dez dias), e sobre os mesmos sejam tomadas as necessárias providências de comando e controle, otimizando-se os recursos humanos e materiais empregados. Sua emissão mensal poderá acarretar perda de tempo na adoção de providências normalizadoras e, se em menor frequência, corre o risco de os custos suplantarem os benefícios.

e) Demonstrativos de utilização de recursos e ocorrências

Devem ser emitidos mensalmente, com base nos apontamentos diários de todas as áreas operacionais da assessoria de Organização e Informática, indicando:

- os problemas técnicos encontrados, tais como defeitos, problemas com o *software*, quedas de força, ar-condicionado etc.;
- as providências tomadas em andamento e o resultado; a situação atual, além de incluir dados de tempo utilizado por aplicativo, aproveitamento de recursos computacionais;
- ausências de especialistas, com os motivos respectivos;
- toda e qualquer ocorrência relevante.

f) Relatório mensal de posicionamento

Com base em todas as informações recebidas, o responsável pela assessoria de organização e informática deve preparar, mensalmente, seu relatório de posicionamento, indicando à alta administração e/ou ao comitê coordenador as tarefas executadas; a situação do planejamento operacional atualizado; os problemas encontrados; as soluções adotadas; os resultados obtidos com tais soluções; e todo e qualquer assunto que, na visão daquele responsável, seja relevante reportar. Não bastará simplesmente preparar e entregar o relatório, ele precisa ser discutido e esclarecidas todas e quaisquer dúvidas apresentadas pela alta administração e/ou pelo comitê coordenador. Importante a presença, nessas apresentações, do responsável pela auditoria interna da empresa.

AVALIE SEU APROVEITAMENTO

Para concluirmos com êxito nossos estudos, é conveniente que você, caro(a) leitor(a), possa avaliar seu aproveitamento no tocante aos conceitos gerais de planejamento, organização, coordenação e controle das atividades de Organização e Informática. Que tal responder ao questionário abaixo?

QUESTIONÁRIO DE REFORÇO Nº 4

1. Dissemos ser recomendável a reunião das áreas de Organização e Informática sob um mesmo executivo porque:

    a) otimiza-se a coordenação destas atividades e aplicação de recursos.
    b) é uma questão de ponto de vista administrativo.
    c) evitam-se atritos desnecessários.
    d) bem, dê sua opinião:
    _____
    _____
    _____

2. A existência de "analistas de sistemas administrativos", na divisão de Organização, e "analistas de sistemas", na divisão de Informática, propicia:

    a) um melhor atendimento às necessidades dos usuários.
    b) uma grande confusão no desenvolvimento dos trabalhos.
    c) uma alocação mais adequada de recursos humanos.
    d) especialização de atividades.

3. À área de planejamento de operação compete, entre outras, a função de:

    a) solicitar alterações em programas.

b) manter controle sobre os arquivos magnéticos.
c) controlar a documentação de análise e programação.
d) preparar a *carga de máquina* (nas aplicações em *batch*)

4. Qual área chama a si a responsabilidade pela recepção/envio de documentos de/para os usuários?

    a) digitação.
    b) operação.
    c) controle de dados.
    d) programação de produção.

5. Quais dos fatores abaixo contribuem para a existência de elementos "imprescindíveis" na equipe de organização e informática?

    a) adequados padrões de documentação.
    b) quadro de pessoal diminuto, aquém das reais necessidades.
    c) adequada e formal segregação de funções (divisão de atribuições).
    d) qualidade sofrível ou até ausência de documentação.
    e) ambiente inadequado de trabalho.

6. Elevados índices de rotatividade
    a) não causarão nenhum problema à empresa desde que esta possua bons padrões de documentação e metodologia de trabalho.
    b) poderão afetar a continuidade dos trabalhos, além de causar perda de recursos.
    c) sempre denotarão problemas organizacionais.
    d) indicarão que os elementos humanos são muito instáveis.

RESPOSTAS AOS QUESTIONÁRIOS

QUESTIONÁRIO 1

1. *d* – todas válidas. Claro que os conceitos discutidos são válidos para administração e gerência em geral, de toda a empresa. Ora, se são válidos para toda a empresa, necessariamente o serão para cada uma de suas áreas, de suas divisões. Certo?

2. *a, c, e* – objetivos, planejamento e controle, dentre outros fatores.

3. *d* – nenhuma válida. Sim, volte ao texto e verifique que esta representação mostra a empresa como um macrossistema – que não é nenhuma das alternativas indicadas.

4. *b*.

5. Você deverá *ligar* as seguintes letras:
   a com *c* – ou seja, os objetivos deverão ser claramente explicitados, redigidos, para melhor compreensão.
   b com *d* – adequadamente quantificados para permitir a avaliação de resultados.

6. Queríamos uma resposta *d*, com algum conceito seu mesmo. Observe que lhe fornecemos três conceitos:
   a) de Simon: aquele que consegue resultados através de outras pessoas.
   b) de Drucker: a pessoa que tem autoridade formal para fazer ou mandar fazer alguma coisa e que tem poder de mando sobre uma ou mais pessoas.
   c) de Simon, modificado.

7. Novamente, uma resposta de sua autoria, ou seja, a alternativa *d*, uma vez que *planejar é estabelecer, antecipadamente, uma linha de conduta a trilhar (a estratégia), os recursos a empregar e as etapas a vencer para atingir um determinado objetivo.*

8. *c.*

9. *d.*

10. *d.*

11. *c.* Isso mesmo. A alternativa *b* é uma das causas de *c*.

12. *c.* Trata-se de um problema de conscientização e de qualidade de planejamento.

QUESTIONÁRIO 2

1. *b.* A alternativa *a* não é completa. Seria, caso fosse: *um todo organizado para um determinado fim.*

2. *c.* Sim, isso mesmo, uma vez que qualquer objeto já foi criado para atender a um fim determinado.

3. Você deveria ligar as letras *a* com *d* (os alcances são as funções cumpridas pelo sistema) e *b* com *c* (os parâmetros são as funções-limite de um dado sistema, a primeira e a última funções).

4. *d.* Todas estas causas podem fazer com que a gente *quebre* um sistema em subsistemas e não esgotam todas as causas possíveis. Outra, não mencionada, são as razões políticas, não?

5. *c.* As alternativas *a* e *b* indicam *como* fazê-lo, mas não são o conceito de informação gerencial.

6. Conforme você poderá verificar no texto, mencionamos as alternativas *a* e *b*.

7. *b.* Oportunidade, uma vez que *época se refere a tempo, e tempo implica oportunidade.*

8. Relevância é o grau de importância que uma informação assume (possui) diante de uma determinada tomada de decisão.

QUESTIONÁRIO 3

1. *b.* A alternativa *c* corresponde ao conceito geral de sistemas, e não ao de método – a maneira pela qual se faz alguma coisa.

2. *d*, ou seja, as alternativas *b* e *c*. A alternativa *a* corresponde à maneira, ao período das reuniões, e não às funções a serem cumpridas pelo comitê.

3. *c*.

4. *a*.

5. *e*, ou seja: *b* e *c*.

6. *d* – desenvolvimento do sistema. A alternativa *b* não é uma das etapas indicadas em nossa metodologia, não é?

7. Porque ele, bem como a área de contabilidade de qualquer empresa, é um usuário de todos os sistemas da organização, posto que deverá auditar todos eles. Além disso, é de sua responsabilidade assegurar que o novo sistema possa continuar a ser auditado e possua pontos de controle e de segurança adequados.

8. Na fase de treinamento do pessoal e processamento em paralelo.

9. *c*.

10. Que cada alteração no arquivo *vivo* – o do sistema atual –, obrigatoriamente, seja efetuada, também, no arquivo do novo sistema.

11. Prioritariamente, a alternativa *b*. Caso a empresa não possua uma área de auditoria, as alternativas *c* ou *a*. Nunca a alternativa *d*, posto que ninguém pode julgar em causa própria.

QUESTIONÁRIO 4

1. No mínimo *a* e *c*. Outras razões. Ninguém melhor do que você, nesta altura e com base na sua vivência, para exprimi-las, não?

2. Só não é válida a alternativa *b*.

3. Principalmente a alternativa *d*; a seguir a *b*, podendo, inclusive, ocorrer a *a*, uma vez que, mediante o controle da execução dos trabalhos, estes profissionais poderão detectar que, por exemplo, um determinado programa está tomando muito tempo de máquina para ser executado e, em consequência, sugerir alterações.

4. *c*.

5. Alternativas *b* e *d*. As alternativas *a* e *c* contribuem para a inexistência dos tais *imprescindíveis*. Já a alternativa *e* não interfere.

6. *b*. A alternativa *c* não é válida porque afirma que *sempre*. Seria, caso a redação fosse: poderão denotar problemas organizacionais.

SUPLEMENTO TÉCNICO

Preparamos este suplemento tendo em mente atingir os seguintes objetivos:

- fornecer uma série de conceitos relacionados ao tema central que, dado o avanço tecnológico da tecnologia da informação, se torna imprescindível, como mínimo, para os técnicos ou estudiosos do tema;
- possibilitar a reflexão sobre algumas frases/afirmativas que possam nos auxiliar a direcionar (ou redirecionar?) nosso raciocínio lógico, gerencial, pessoal...

De modo a poder cumprir com estes objetivos, este suplemento conta com dois grupos de informações:

1. Jargão técnico (terminologia)
2. Frases para pensar

1. Jargão técnico

Não pretendemos construir aqui um dicionário de termos técnicos, apenas apresentar alguns dos principais termos utilizados nesta era de comunicações interplanetárias (logo mais, com o avanço da tecnologia, teremos comunicações intergalácticas... por que não?).

Atenção: a língua básica universal para as "rodovias de informações" (as *infoways*) é o inglês. Logo, aprimorar cada vez mais seus conhecimentos desta língua é fundamental para seu sucesso, quer você já seja ou pretenda vir a ser um supervisor, um gerente, um diretor, ou um especialista em organizações e informática – ou, mesmo, usuário da Internet, um *internauta*!

ATM. AsynchronousTransferMode (modo de transferência de dados assíncrono). Uma tecnologia voltada a acelerar a transferência de dados por rede.

Nota: As transferências de dados podem ser realizadas por meio de *canais* síncronos (sincronizados) ou assíncronos (não sincronizados).

BBS. Bulletin Board Systems (pequenas empresas de comunicação de dados que funcionam como redes privadas de computadores, oferecendo conexão limitada à Internet). Foram as precursoras das provedoras de acesso.

Browser. *Navegador*, softwares de navegação na web. Permitem rastrear, recuperar e exibir o conteúdo de páginas da web. Os mais famosos são o Explorer, da Microsoft, e o Navigator, da Netescape. Marc Andreessen, um *nerd*, aos 23 anos desenvolveu o primeiro browser, o Mosaic, em 1993, e com isso se tornou o grande responsável pela *explosão* de uso da web. Logo a seguir, em 1994, reuniu-se com alguns amigos e fundou a Netscape, onde, em equipe, criou o Navigator.

Chat. Conversa, bate-papo entre internautas pelo ciberespaço (espaço cibernético).

Ciberespace. Espaço cibernético; hoje, todo o planeta. No futuro, quem sabe, até outros planetas do nosso sistema solar, ou mais além!

Cibernauta. O mesmo que internauta – aquele que navega no espaço cibernético, desde sua *deskstation* (estação de trabalho), na empresa, ou no seu micro, em sua residência. Viaja-se sem sair de casa!

Cliente. Conjunto de equipamento e software, ligado em rede a um equipamento que detém as bases de dados (chamado servidor), do qual retira informações e/ou solicita a execução de determinados sistemas/programas. Os equipamentos clientes e servidores se comunicam através de protocolos (senhas) específicos.

Data warehouse. Almoxarifado de dados, bancos de dados (base de dados) gigantesco, com informações históricas de apoio aos negócios, composto por equipamentos (hardware) e sistemas (software).

Deskstation. Estação de trabalho, um terminal ou micro, dentro da empresa, ligado ou não ao seu equipamento central de processamento de dados (*mainframe*).

Download. Ação de baixar (copiar), para o nosso equipamento, um arquivo, um conjunto de informações, existente em outro equipamento remoto.

EDMS. *Electronic Document Management System*. Técnica de arquivamento e recuperação eletrônica de documentos, incorporando texto, animações, voz e vídeo.

EIS. *Executive Information System.* Sistemas de informações para executivos. O mesmo que sistema de informações de apoio a decisões (SAD).

E-mail. Correio eletrônico, endereço eletrônico. Todo internauta, obrigatoriamente, tem de ter o seu: separando com @ (arroba) o nome da caixa postal eletrônica (qualquer nome, escolhido mediante o uso da criatividade de cada um) e o nome do provedor onde está a caixa postal. Ex.: alfacentauro@opportunity.com.ca (fictício), no qual vemos o nome da caixa postal: alfacentauro; o provedor: opportunity; a indicação de ser uma empresa comercial (com) e, finalmente, o país: ca, que significa Canadá.

Embrater. *Empresa Brasileira de Telecomunicação*, à qual se ligam, mediante meios físicos, as instalações das BBS e das provedoras de acesso, para terem acesso aos satélites e, assim, poderem surfar pela Internet.

Extranet. Um belo conceito foi formulado por Marc Andreessen, criador dos browsers e fundador da Netscape: *Extranet é uma rede de negócio para negócio que une empresas parceiras por meio de suas Intranets corporativas.* Ou seja, por exemplo, uma montadora de veículos possui a sua intranet e, do outro lado, suas revendas e seus principais fornecedores. A extranet é a ligação destas redes, sempre adotando filosofia e técnica de trabalho da Internet.

Firewall. Textualmente *parede contra fogo*. Na realidade, sistemas (softwares) desenvolvidos no sentido de proteger os equipamentos e dados de uma empresa contra invasão de hackers ou intrusos de qualquer natureza. Filtra todo o fluxo de dados entre uma rede interna e a Internet, apenas deixando passar informações autorizadas, segundo definições do usuário.

Hackers. Piratas cibernéticos. Normalmente *nerds*, vidrados em informática que têm como "hobby" (passatempo) furar os esquemas de segurança das empresas. Normalmente, quando conseguem êxito, divulgam-no pela Internet, como se houvessem conseguido um grande troféu. Podem apenas deixar registrado que estiveram nos sistemas/arquivos da empresa, mas podem – como ocorre algumas vezes – introduzir transações fraudulentas ou destruir sistemas e arquivos, causando danos de monta às empresas e/ou às pessoas físicas. Estima-se que, nos EUA, as empresas percam alguns milhões de dólares/ano por causa destas investidas.

Home banking. Serviços bancários disponibilizados aos internautas: consulta de saldos, emissão de extratos, movimentação de contas etc. Os principais bancos brasileiros oferecem este serviço aos seus clientes.

Home page. Página de apresentação de um site, empresarial ou particular. Por exemplo: um psicólogo pode criar (ou contratar a criação) de uma home page sua que apresente os seus serviços. Assim, quando alguém (um internauta) acessa sua home page, fica sabendo quem ele é, o que faz, onde está estabelecido etc. Todas as principais empresas brasileiras possuem suas home pages. A forma de endereço de uma home page é a seguinte (apenas como exemplo): www.aprendizes.com.br

HTML. *HyperText Markup Language.* Código para definir e permitir acesso a palavras-chave num documento, abrindo suas conexões com outros documentos. É a línguagem-padrão que dá formatação às páginas da web.

HTTP. *HyperText Transfer Protocol.* Protocolo utilizado na web para localizar documentos HTML. Os browsers são exemplos de aplicativos de usuário que trabalham com HTTP.

Intranet. Redes internas de computadores que adotam a filosofia e a tecnologia de trabalho da Internet. Elas são ligadas à Internet, porém são protegidas por programas de segurança (*firewalls*), permitindo a entrada na Internet, mas procurando evitar que intrusos entrem no espaço virtual da empresa. Além de permitir e-mails, chats e troca de documentos, torna mais fácil o acesso às informações em bancos de dados por parte de qualquer pessoa da empresa.

Java. Linguagem de programação, de alto nível, independente de plataformas ou sistemas. É utilizada por programadores especializados para produzir programas que todo e qualquer computador possa utilizar. Assim, elaboram-se programas para o equipamento A e não se necessita mais adaptá-los aos equipamentos B, C, D etc. Praticamente toda máquina atual (telefone, automóvel, geladeira, som, vídeo etc.) tem, dentro de si, um chip, e nele sempre caberá algum programa escrito em Java.

Mainframe. Equipamento central de processamento de dados, normalmente de médio e grande portes. Encontrado em grandes organizações, públicas ou privadas.

Multimídia. É a utilização, combinada, de vários *veículos*, várias mídias, tais como: comunicação de dados, telefone, TV, gráficos, sons etc.

Navegador. O mesmo que *browser*.

Nerds. Pessoas encantadas, aficionadas pela informática, em todos os seus aspectos. São considerados como gênios desta tecnologia – aqueles capazes de colocá-la um ponto avante.

Newsgroups. Grupos de debates, de discussões, de estudos etc., com participantes espalhados pelo mundo.

Password. O mesmo que senha. Código criado automaticamente ou pelos usuários para poder ingressar em um dado sistema e, uma vez ali, efetuar transações. Exemplo: a senha do banco X permite a você entrar no site, consultar seu saldo, realizar operações de crédito e/ou débito etc.

Protocolo. Sequência convencionada de sinais trocados entre programas para identificar e abrir acesso à troca de informações (como não se entra em uma casa sem autorização, assim procedem os protocolos: verificam se a pessoa/máquina está autorizada a *entrar* em dada instalação, em dado sistema, em dada aplicação).

Provedor de Acesso. Empresas privadas que vendem ao público em geral o serviço de acesso à Internet e estão aptas a prestar assistência técnica aos internautas, encontros técnicos de usuários, cursos etc.

Roteador. Equipamento (computador) que encaminha e recebe pacotes de uma rede para outra. Liga, por exemplo, os mainframes aos terminais e micros dispersos geograficamente, em qualquer região do planeta.

Senha. Ver *Password*.

Servidor. Conjunto de equipamento e software que executa instruções de um ou mais computadores-clientes. Pode, ainda, armazenar páginas da web, recebendo, transmitindo e identificando protocolos de comunicação. Chama-se *servidor* o equipamento que, numa rede, detém os arquivos e cadastros, os quais podem ser acessados e atualizados pelos equipamentos *clientes*.

Sistema operacional. Conjunto de programas, *software*, que cuida do gerenciamento do equipamento, dos acessos às unidades de entrada/saída e das comunicações entre o equipamento e os demais. Este conjunto de programas também recebe o nome de *software básico*.

Site. Endereço eletrônico, virtual, de empresas, pessoas e entidades várias que fazem parte do ciberespaço. Conhecido em português como *sítio*.

Site de busca. Sistemas aplicativos que possibilitam a localização de qualquer informação disponibilizada em qualquer local do ciberespaço. O mais difundido e conhecido é o Google.

Surfar (ou navegar). Termo utilizado quando estamos usando a Internet para a realização de qualquer atividade (ex.: buscar informações, imagens; efetuar pesquisas; conversar com pessoas etc.).

TCP/IP. *Transmission Control Protocol/Internet.* Software que conecta PCs (microcomputadores) isolados ou em rede, à Internet. Protocolo, ou padrão, básico de interconexão de redes utilizado pela Internet.

Telnet. Tecnologia que possibilita a um usuário operar um sistema, remoto, ligado à Internet, exatamente como se fosse um terminal deste sistema.

Upload. (Carregar para cima). Técnica que permite disponibilizar, no sistema interno ou externo às residências e empresas, quaisquer modalidades de arquivos: programas, fotos, músicas etc.

URL. *UniversalResourceLocator.* Localizador universal de recursos; endereço para localização e identificação de informações na web.

Web. O mesmo que WWW.

WWW. *World Wide Web.* Teia de alcance mundial de conhecimento, a parte gráfica da Internet. Um conjunto de instalações multimídia que pode ser acessado graficamente. A WWW nasceu na Suíça, no início dos anos 1990, criada por pesquisadores do CERN, laboratório de física nuclear, que começaram a agrupar informações dispersas pela Internet em páginas que se ligam umas às outras através do hipertexto. A WWW é simpaticamente chamada de web, interface gráfica que uniformizou todos os diferentes protocolos de serviços existentes na rede. Basta seguir um menu gráfico na tela e clicar com o mouse o que se deseja. A maior limitação que esta tecnologia enfrenta diz respeito à má qualidade das linhas telefônicas regionais.

2. Frases para pensar

No cenário atual, caracterizado pela globalização de negócios, globalização dos conhecimentos e das informações, através do emprego intensivo das tecnologias de informática, robótica e transmissão de dados (*dados* – tudo que possa ser transmitido eletronicamente: números, letras, imagens, voz etc.), as pessoas, os profissionais não podem mais se ater apenas a adquirir conhecimentos técnicos (intelectuais). Comprovadamente, o ser humano é uma combinação de intelecto, emoções e sentimentos.

Com base nesta verdade, hoje aceita sem restrições em todo o planeta, achamos por bem deixar algumas frases para pensar. Quer dizer, para que você possa, a qualquer momento, dar uma paradinha em sua vida agitada e refletir sobre uma delas, escolhida aleatoriamente ou não. Ao fazer isso, você estará desenvolvendo sua inteligência emocional e seus sentimentos, e, como consequência, terá melhores condições de, além de ser uma pessoa, ser um profissional de sucesso, ser mais feliz – que é o grande objetivo de vida de qualquer um/a de nós! Vamos a elas!

"A única vantagem competitiva sustentável é a capacidade de aprender mais depressa que os concorrentes."
Arie de Geus

"Houve tempo em que o gargalo estava nas informações; hoje ele está na capacidade de agir com inteligência sobre elas."
Edward de Bono

"O essencial para as empresas neste momento é criar intranets, redes internas que possam ser ligadas à Internet e que funcionem da mesma forma."
George Gilder, *profeta* da Internet

"Se você não melhorar o que está ao seu alcance, jamais irá melhorar o que não está."
Ken O'Donnell

"Pensamos em demasia e sentimos pouco. Mais do que máquinas, precisamos de afeição e doçura."
Charles Chaplin

"Inteligência, imaginação e conhecimento são essenciais. Mas somente o trabalho árduo poderá convertê-los em resultados."
Peter F. Drucker

"A pessoa criativa é um receptáculo de emoções que vêm de tudo o que a cerca: do céu, da terra, de um pedaço de papel, de uma teia de aranha, de uma forma fugaz etc."
Thomas A. Edison

"A vida é a arte de tirar conclusões suficientes de premissas insuficientes."
Samuel Butler

"Precisamos ser capazes de desaprender o que sabemos – romper com os sistemas envelhecidos – para podermos aprender o que convém saber."
Gutemberg B. de Macedo

"Tão importante como ser eficaz e eficiente é parecer eficaz e eficiente."
Luiz A. Costacurta Junqueira

"A criatividade não está associada obrigatoriamente à inteligência ou ao nível de escolaridade mas, sim, a um clima de liberdade de ideias e de mútua confiança."
Faustino Vicente

"São os pequenos detalhes que fazem a perfeição, mas a perfeição não é um pequeno detalhe."
Michelangelo

"O sucesso na vida não consiste em ter boas cartas na mão mas em jogar bem as cartas que se tem."
Josh Billings

"Erros são, no final das contas, fundamentos da verdade. Se um homem não sabe o que uma coisa é, já é um avanço do conhecimento saber o que ela não é."
Carl Jung

"O degrau de uma escada não serve simplesmente para que alguém permaneça em cima dele. Destina-se a sustentar o pé da pessoa pelo tempo suficiente para que ela coloque o outro pé um pouco mais alto."
Thomas Huxley

"No mundo dos negócios todos são pagos em duas moedas: dinheiro e experiência. Agarre a experiência primeiro, o dinheiro virá depois."
Harolcl Geneen

"Quando se nega a alguém a oportunidade de tomar decisões importantes, ele começa a achar importantes as decisões que lhe permitem tomar."
C. Northcote Parkinson

Autores anônimos

"A inteligência é o farol que nos guia, mas a vontade é que nos faz caminhar."

"Há quatro coisas que nunca voltam para trás: a pedra atirada; a palavra dita; a ocasião perdida e o tempo passado."

"A felicidade não está em viver, mas em saber viver. Não vive mais o que mais vive, mas o que melhor vive, porque a vida não mede o tempo, mas o emprego que dele fazemos."

"É preciso coragem para levantar e falar, mas também é preciso coragem para sentar e ouvir."

REFERÊNCIAS BIBLIOGRÁFICAS RECOMENDADAS

As obras indicadas estão agrupadas em três conjuntos: desenvolvimento gerencial, processo de tomada de decisões e TI (tecnologia da informação).

Desenvolvimento gerencial

ADIZES, I. *Gerenciando mudanças:* o poder da confiança e do respeito mútuo. São Paulo: Pioneira, 1995.
ALVES, S. *Revigorando a cultura da empresa:* uma abordagem cultural da mudança nas organizações, na era da globalização. São Paulo: Makron Books, 1997.
BLANCHARD, K.; WAGHORN, T. *Missão possível.* São Paulo: Makron Books, 1997.
DRUCKER, P. F. *As novas realidades.* São Paulo: Cengage Learning, 2003.
DRUCKER, P. F. *Administrando para o futuro:* os anos 90 e a virada do século. São Paulo: Cengage Learning, 2003.
DRUCKER, P. F. *A nova era da administração.* São Paulo: Cengage Learning, 2000.
GIBSON, R. *Repensando o Futuro.* São Paulo: Makron Books, 1998.
HANDY, C. *A era da transformação.* São Paulo: Makron Books, 1996.
JURAN, J. M. *Juran na Liderança pela qualidade.* 2. ed. São Paulo: Pioneira, 1990.
MARIOTTI, Humberto. *Organizações de aprendizagem.* 2. ed. São Paulo: Atlas, 1999.
MATSUSHITA, K. *Não vivemos somente pelo pão.* Kioto, Japão: PHP Institute, 1987.

Processo de tomadas de decisões

PEREIRA, M. J.; FONSECA, J. G. M. *Faces da decisão:* as mudanças de paradigmas e o poder da decisão. São Paulo: Makron Books, 1997.
SHIMIZU, T. *Decisão nas organizações.* 2. ed. São Paulo: Atlas, 2006.
WEISS, D. *Como resolver problemas de forma criativa.* São Paulo: Nobel, 1990.

TI (tecnologia da informação)

BREMMER, L. M.; IASI, A. F.; SERVATI, A. *A bíblia da internet*. São Paulo: Makron Books.

CAMPBEL, Patrick T. *Instalando redes em pequenas e médias empresas*. São Paulo: Makron Books, 1997.

EVANS, T. *Construindo uma Intranet*: guia prático para instalar uma web dentro da Empresa.São Paulo: Makron Books, 1998.

NORTON, P. *Introdução à informática*. São Paulo: Makron Books, 1997.

PFAFFENBERGER, B. *Guia oficial do MS Explorer 4*. Rio de Janeiro: Campus, 1998.

RAMALHO, J. A. *HTML avançado*. São Paulo: Makron Books, 1997.

VELLOSO, F. C. *Informática: conceitos básicos*. Rio de Janeiro: Campus, 2004.

STOUT, R. *Dominando a WWW: referência completa*. São Paulo: Makron Books.

WALTON, R.E. *Tecnologia de Informação: o uso de TI pelas empresas que obtêm vantagem competitiva*. São Paulo: Atlas, 1994.

ZIMMERMAM, S. *Construindo uma Intranet com o Windows NT4*. São Paulo: Makron Books, 1997.